바다의 역사

살아남은 세계사 6

바다의 역사

남정욱

기파랑

서 문

　좋은 역사책을 쓰고 싶었다. 역사에 별 관심 없고 아무런 사전 지식도 없는 사람이 한나절이면 읽을 수 있는, 그리고 재미있게 읽은 후 그 내용을 다 이해할 수 있는. 중고등학교 때 워낙 예방주사를 잘 놔 준 덕에 역사에는 하나도 관심 없었다. 역사라면 연도 외우고 순서 암기하는 지겨운 종목인 줄 알았다. 나중에 알았다. 역사공부는 평생 가는 오락이고 나날이 누적되는 즐거움이구나. 그래서 이 책을 쓰기 시작했다. 나는 아끼기보다, 숨겨놓고 혼자 핥아먹기보다, 나누는 것을 좋아하는 사람이다.

　쓰기 위해서는 먼저 읽어야 했다. 실망스러운 책들이 너무 많았다. 무엇보다 자기도 잘 모르면서 쓴 책을 보면 화가 났다. 인간이 인간한테 이래도 돼? 재미도 없고 성의도 없었다. 번역서는 더 끔찍했다. 신성로마제국을 다룬 책이었는데 프파르츠라는 지명이 나왔다. 내가 아는 한 역사적으로 중요한 독일 땅 중에 그런 지명은 없었다. 나중에 알고 보니 팔츠Pfalz를 있는 그대로, 순서대로 다 발음 한 거였다. 모르겠다. 원저자가 그렇게 썼는지 아니면 번역자가 망쳐 놓았는지 모르지만 슬프기까지 했다. 인간이 인간한테 이러면 안 돼.

그래서 도전했고 10년 공부하고 10년 쓴 게 이 책이다. 처음에는 뭘 써야 할지 몰랐다. 10권으로 목표를 잡았는데 그거 다 채우려면 어떻게 해야 앞이 안 보였다. 쓰면서, 공부하면서 반대가 됐다. 뭘 덜어내야 할지가 오히려 고민이었다. 쓸 게 너무 많아서 어떻게 하면 핵심과 진짜 중요한 의미만 다룰 수 있을지 자면서도 고민했다. 그리고 일정한 기준을 놓고 잘라내기 시작했다. 알면 좋지만 몰라도 되는 것이 그 기준이었다. 기준이 생기니까 어느 정도 서사의 틀이 잡히고 각각의 책들 사이의 통일감이 생기기 시작했다. 통일은 좋은 것이다.

역사가 왜 중요한지 뭐 이런 건 시험 답안지 쓸 때나 하는 소리다. 그런 건 다 필요 없다. 재미있다. 역사는 재미있어서 재미있다. 역사가 재미있어지니까 비로소 세상이 보이기 시작했다. 머릿속에 환하게 불이 들어오는 느낌. 이 느낌과 내용을 어떻게 전달해야 할지 고민하고 기도했다. 그게 이 10권 시리즈의 형식이다. 누가 그랬다. 중세는 너무 복잡해서 신神이라도 제대로 서술하기 어렵다고. 일부 사실이다. 로마까지는 쉽다. 로마가 문을 닫으면서 게르만족이 분화한 끝에 원시 프랑스, 독일, 이탈리아로 쪼개지고 이들이 각개 약진 하는 가운데 뒤늦게 문명의 빛이 들어간 영국 등 후발 문명이 가세하고 여기에 또 세상을 세속과 영성으로 분할한 교황까지 참가하면서 사방으로 이야기들이 펼쳐진다. 문제는 이것들이 따로 노는 게 아니라 보이게 안 보이게 연결되어 서로 영향을 미치면서 전개된다는 사실이다. 역사가 지루해지기 시작하는 지점으로 대부분

이때 역사책을 던진다. 그러나 말한대로 일부만 사실이다. 제대로 서술하기 어렵다면 그건 작가의 문제다. 잘 모르니까 내용을 꿰뚫고 있지 못하니까 우는 소리를 하는 거다. 고민을 정말 많이 했다. 그래서 중세부터 근대까지를 공간으로, 지역으로 쪼갰다. 4권부터 7권까지인 사막의 역사, 초원의 역사, 바다의 역사 그리고 대륙의 역사는 그렇게 나온 제목이다. 다행히 대항해 시대부터는 세계가 하나로 연결된다. 비로소 각 지역의 역사가 하나로 통합되는 것이다. 8권부터는 그래서 쉬웠다. 현대를 다룬 9권과 10권은 현재에서 멀지 않다. 쓰면서도 재미있고 신이 났다. 지금 세상에서 벌어지고 있는 이야기들의 기원이니까. 역사를 중계 방송하는 느낌이었다. 그냥, 쓴 사람의 자랑이다.

다른 역사책들과 또 차별화된 점이 있다면 대량으로 들어간 지도다(물론 상대적이다. 더 넣고 싶었는데 아쉽다). 지도 한 장만 보면 이해할 수 있는 내용을 어렵게 읽으니까 흥미가 떨어진다. 이건 교향곡을 글로 즐기는 것보다 더 어렵다. 필요한 부분마다 지도를 넣어 이해를 높였는데 추가로, 글을 복습하는 효과가 생겼다. 공부하고 보니까 지도가 역사였다. 인간의 역사는 지리를 뛰어넘지 못하며 현재의 역사는 지리의 산물이거나 결과다. 내세우자면 이게 공간으로 역사를 쪼갠 것 다음으로 이 책들의 장점이다.

마지막으로 해당 역사에서 주연으로 등장하는 나라가 있을 때마다 그 나라의 소사小史를 정리했다. 영국, 프랑스, 독일, 이탈리아, 에스파냐, 포르투갈, 러시아, 중국, 미국, 일본의 간추린 역사인데 책마다 대략 한 나라씩 나온다. 전체 맥락과 함께 디테일을 즐길 수 있도록 노력했고 평가는 독자의 몫이다. 좋은 책이 있는 것이 아니라 좋은 독자가 있다고 한다. 그러나 그것도 배려와 양심이 있는 책이 있은 후다. 나는 양심은 있는 인간이다.

책마다 내용을 소개하는 건 지면의 낭비이자 일종의 스포일러라 생략한다. 현생 인류가 어떻게 여기까지 왔는지 지나간 시간 속으로 지적 여행을 떠나고 싶은 분들에게 조금이라도 도움이 된다면 더 바랄 것이 없겠다. 이 여정에 많은 분들이 함께 하셨으면 좋겠다. 역사는, 정말 재미있다.

차례

1.
해안 문명의 시작과 지중해 시대의 끝

    인류는 걸어서라면 어디든 갈 수 있었다. 필요한 것은 손에 쥘 수 있는 무기와 약간의 용기면 충분했다. 그러나 육지가 아닌 바다라면 이야기가 달라진다. 인간은 길어야 물속에서 호흡을 2분 정도 참을 수 있을 뿐이고 배가 없이는 수심 2m 이상을 걸어 들어갈 수 없다. 그러나 이 거대한 소금물인 바다는 지구 표면의 무려 70%를 차지하며 이는 육지 면적의 2.43배에 달한다. 그렇기에 바다에 나가지 않고 육상에서의 생활만으로 인류는 역사를 진행시킬 수 없었다. 내륙에서 사람들이 강가에 모여 살았다면 해안가 역시 사람들이 많이 모여든 곳이다. 이를 해안 문명권이라 하는데 주로 1만 년 전부터 북대서양 해안을 따라 퍼져나갔다. 초창기 해안 문명권은 바다를 건너는 긴 항해가 아니라 육지를 낀 연안 항해를 통해 어업과 교역을 발생시켰다. 문명이 강가에서 발생한 것은 맞지만 전 세계에서 공통으로 문명이 만들어진 것은 바닷가였던 것이다. 교역 거리가 늘어나면서 아프리카의 목재와 상아, 인도의 면직물 그리고 동남아시아의 향신료가 교역물품에 추가되었다. 기원전 약 5천 년 무렵 이집트와 아라비아 그리고 인도 서부 해안이 장거리 교역으로 연결된다.

나침반이 없던 시절이다. 바다로 나간 사람들은 새를 날려 보내는 방법으로 육지에서 멀어지는 위험을 피했다. 점차 먼 바다로 나가기 시작하자 이들은 별과 바람과 해류를 습득하는 방식으로 항해술을 발달시켰다. 기원전 1천 년 경 바다 사람들은 계절풍의 패턴을 이해했고 11월부터 1월에 이르는 동안 아라비아에서 아프리카로 향하는 정기적인 항해가 정착되었다. 반면 6월과 7월에는 강한 바람이 부는 까닭에 항해가 불가능했다. 어쩔 수 없이 배를 운행하지 못하는 강제 휴무 기간이 생기면서 교역상과 여행자들이 머무는 항구도시들이 생겨났다. 이 도시에서 각지에서 온 사람들의 문화가 오갔으며 종교의 전파도 자연스럽게 이루어졌다. 바다를 오가는 사람들의 실력이 균일한 것은 아니었다. 특정 지역의 뱃사람들은 유난히 바다와 빨리 친해졌고 빨리 익숙해졌다. 지중해 연안의 뱃사람들이다.

지중해는 말 그대로 땅 가운데 있는 바다다. 고유명사로 쓰이지만 실은 보통명사에서 왔다. 큰 바다의 이름인 양洋 바로 아래가 해海다. 해는 주로 육지로 둘러싸인 바다를 의미하는데 유럽 지중해 외에도 흑해, 남중국해, 카리브 해, 북해 등이 우리에게 익숙한 바다 이름이다. 만灣은 바다가 육지 쪽으로 오목하게 밀고 들어간 지형이다. 만은 걸프와 베이로 나눠지는데 걸프가 베이보다 더 크고 길다. 우리말로 쓰면 똑같이 만이지만 인도의 벵골 만은 정식 명칭이 Bay of Bengal이고 홍해 입구의 아덴 만은 Gulf of Aden이다. 길목을 뜻하는 수로는 해협이다. 지중해는 아프리카, 아시아, 유럽 3개 대륙에 둘러싸여 있는데 서쪽으로는 지브롤터 해협으로 대서양과 통하고 동쪽으로는 수에즈 운하로 홍해, 인

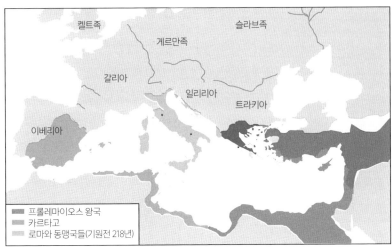

켈트족

슬라브족

게르만족

갈리아

이베리아

일리리아

트라키아

■ 프롤레마이오스 왕국
■ 카르타고
■ 로마와 동맹국들(기원전 218년)

기원전 218년 지중해 각국 강역. 로마와 카르타고의 대결은 피할 수 없어 보인다.

도양과 연결되며 북쪽으로는 다르다넬스, 보스포루스 해협을 통과해 흑해와 이어진다. 지중해는 연중강수량이 적어 해수의 증발량이 유입되는 수량보다 많고 바다 표면 가까이의 해수인 표층수가 시계 반대 방향으로 흐른다. 대서양에서 지브롤터로, 흑해에서 에게 해로 막대한 수량이 쏟아져 들어오기 때문이다. 반면 지중해의 바람은 서풍이 우세하다. 해류와 바람의 방향이 다를 때는 바람이 항해에 더 많은 영향을 미친다. 지중해는 대서양이나 북해에 비해 얌전한 바다다. 그러나 그건 선박의 크기가 커지고 항해술이 발달한 지금에나 그렇다는 얘기고 고대, 중세에는 별로 그렇지도 못했다. 봄부터 가을까지만 배가 다녔고 겨울 항해는 금지였다. 해류, 바람, 해안선이라는 자연환경을 극복하기에 당시 배들의 수준과 항해술은 한참 미달이었고 겨울 항해가 가능해진 것은 13세기 후반 이후다. 같은 지중해라도 북쪽 해안은 항해에 상대적으

이탈리아와 그리스 인근 지중해의 이름은 다 따로 있다. 이탈리아 반도 서쪽의 티레니아 해와 동쪽의 아드리아 해는 나름 별도의 바다처럼 보이지만 남쪽의 이오니아 해는 딱히 구별될 만한 부분이 적다. 대신 그리스 신화에서 이오가 소의 모습으로 건넜다고 해서 유명하다. 그리스 동쪽은 에게 해다. '죽기 전에 에게 해를 여행할 행운을 누리는 사람에게 복이 있다'는 카잔차키스의 소설 중 한 구절로 특히 유명해졌다. 실은 바다보다 섬이 매력 포인트지만.

로 유리했다. 높은 해안선이 있어 바다에서 육지를 식별하기 쉬웠고 수많은 만과 해변은 천연의 대피소였다. 반면 북아프리카 해변은 지형이 낮은데다 내리 얕은 바다가 펼쳐져 있고 거기에 암초까지 가세해 선박의 무덤으로 불렸다.

  기원전 4천 년 경 이 지중해를 장악한 것은 해상 교역상 연합이었던 페니키아인들로 이들은 이베리아 반도 남쪽 끝과 아프리카 북부가 만나는 지브롤터까지 진출했다. 해협 어귀의 낭떠러지에는 '멜카르트의 기둥'이라는 큰 바위가 놓여 있었는데 바위는 마치 더 이상 진입하면 다시는 고향으로 돌아갈 수 없다는 경고를 보내는 듯했다. 그러나 호기심은 두려움보다 강했고 관문을 통과한 페니키아인들은 (자기들이 보기에) 야만족이 살고 있는 프랑스와 에스파냐 해안을 따라 브리튼 섬과 발트 해안까지 활동영역을 넓혀 갔다. 이들은 풍습도 다르고 말도 안 통하는 사람들과 어떻게 거래를 했을까. 페니키아인들은 낯선 해안을 발견하면 일단 자신들이 가져온 물건을 바닷가 모래사장에 늘어놓고 불을 피운 뒤 배로 돌아가 해안 상황을 살폈다. 이때 그 지역 사람들이 페니키아인들의 물건을 가져가고 대신 자신들의 물건을 두고 사라지면 비로소 교역이 발생하는 것이다. 이들은 반복되는 물건 바꾸기를 통해 조금씩 안면을 텄고 서로 간 적대심을 누그러뜨렸다. 지중해에서 페니키아인들의 경쟁상대는 그리스인들이었다. 페니키아인이라는 이름을 선사한 것도 그리스인들로 둘은 우호적인 환경에서는 경쟁을, 비우호적인 환경에서는 소규모 약탈을 하며 지중해를 양분했다. 그리스인들 중 아테네는 세계 최초로 제대로 된 '해군'을 창설한 나라다. 다음 순서로 등장한 로마는 경쟁보다는 전쟁을 선택했다. 페니키아인들의 영역과 로마의 영역이 충돌했고 그 결과는 페니키아의 멸망이었다. 로마인은 지중해를 우리의 바다mare nostrum라고 불렀다. 그들은 지중해를 세상의 중심이라고 생각했고 바다를 영토로 보기보다는 힘 있는 국가가 개입할 수 있는 영향력의 공간으로 인식했다. 하긴 지중해를 무대로 날뛰는 수많은 해적들 때문에 영토로 삼는다는 것 자체가 무리이기는 했다. 이후 15세기 중반 지중해 동부의 주인이 이슬람으로 바뀌면서 지중해 교역의 맥이 끊

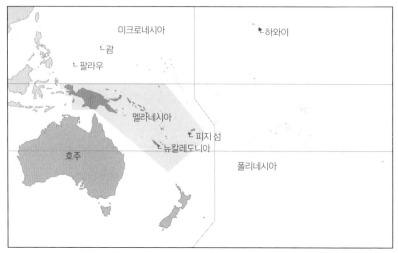

지도를 한 번 꼼꼼히 봐두면 공간에 대한 윤곽이 잡힌다. 미크로네시아에는 '신들의 바다 정원'이라고 불리는 팔라우, 멜라네시아에는 '연산호의 천국'인 피지 섬이 들어있다. 여행 애호가들에게는 죽기 전 가보고 싶은 꿈의 코스다.

기고 에스파냐와 포르투갈이 "지중해만 바다냐. 대서양도 바다다." 외치며 지브롤터 해협을 빠져 나가면서 지중해는 문명의 중심에서 한 걸음 멀어진다. 지중해, 인도양에 이어 대서양과 태평양까지 인간의 인식 범위에 들어오면서 인류의 바다 문명은 급물살을 탄다.

거칠고 난폭한 그 바다에 크고 잔잔한 바다라는 뜻의 태평양mare pacificum이라는 이름을 붙인 것은 마젤란이었다. 포르투갈 출신으로 에스파냐를 대표해 항해를 했던 이 사람은 태평양에 도착할 때까지 하도 고생을 해서 눈앞에 보이는 바다가 상대적으로 평화롭게 보였고 그래서 자연스럽게 입에서 그 이름이 튀어나왔다. 태평양은 보통 세 구역으로 나뉜다. 멜라네시아, 미크로네시아 그리고 폴리네시아다. 멜라네시아는 뉴기니 섬에서 피지 섬까지를 말하며 호주 북동쪽이다. 미크로네시아는 멜라네시아에서 북쪽, 폴리네시아는 동쪽을 말한다. 인류의 정착지로는 멜라네시아 구역의 섬들이 가장 빨랐고 다음이 미크로네시아와 폴리네시아다. 폴리네시아 구역에는 자잘한 섬들이 4천km에 걸쳐 분포하고 있으며 동쪽으로는 이스터 섬, 북쪽으로는 하와이 그리고 남쪽으로는 뉴질랜드를 잇는 삼각형 모양이다. 태평양 섬의 주민들은 세계를 '다수의 섬과 바다'로 인식했다. 이들은 별과 파도의 움직임, 해상 동물로부터 얻은 정보를 토대로 목적지를 찾아다녔고 그 정확도는 나중에 이들을 고용했던 유럽인들을 기절하게 만들 정도로 높은 수준이었다.

일본 역시 태평양의 일부인 섬나라다. 구석기 이후 일본인들의 생활은 바다 의존도가 매우 높았다. 산악 지형이 넓게 분포된 데다 민물이 별로 없어 농업과 내륙 어업이 활성화되기 어려웠던 까닭이다. 이들의 바다 의존도는 1천 년 전 쌀 재배에 기반을 둔 농업문화가 본격적으로 발달하기 시작하던 때까지 이어진다. 일본인들은 7세기에 이미 가마우지를 이용해 물고기를 잡았는데 이는 페루와 지중해 연안에서도 공통적으로 발견되는 방식이다(가마우지는 심해 45m까지 잠수할 수 있는 능력을 가지고 있다). 해녀의 물질은 대략 2천 년 전부터 전승된 것으로 알려져 있다. 원래 남녀가 공히 물속으로 들어갔는데 점차 조개류와 해초류를 잡는 쪽으로 해녀들의 업무가 특성화 된다. 일본 해녀들의 보통 잠수 수심은 9m였지만 30m까지 들어가는 탁월한 기량을 발휘하는 경우도 종종 있었다. 잠수 어업은 10세기 무렵 생계형에서 수출용으로 목적이 바뀌고 17세기에 절정을 이룬다. 수출하는 곳은 중국, 품목은 말린 전복이었다. 재미있는 것은 일본의 해양 전통이 중국을 통해 확산된 것이라는 사실이다. 내륙국가임에도 불구하고 중국은 동쪽의 너른 해안으로 인해 바다 지향적 사고가 강했던 나라다. 5세기 무렵 중국 상인들은 광동 등의 수출입항을 통해 인도양 무역에 뛰어들었고 15세기에는 중국 정부가 동남아시아와 인도 그리고 페르시아 만과 아프리카까지 가는 항해를 지원했다. 선박 건조와 운용에서 세계 최고였다는 말씀이다. 명나라 영락제 시절 원정을 떠난 정화는 1405년부터 1433년까지 7차에 걸친 항해를 수행했다. 영락제와 정화가 죽은 이후 바다에 대한 관심은 급격히 시들었고 배들은 방치되었다. 3천 척이 넘었던 중국 해군도 소멸했다. 현재 중국은 잊어버린 당시의 기억을 되살리는 중이다. 바다를 지배하는 것이 세계를 지배하는 것이라는 사실을 뒤늦게 깨달았기 때문이다.

1453년 오스만 제국에게 동로마 콘스탄티노플이 함락되면서 지중해 동부가 막힌다. 유럽인들의 해상 탐구는 어쩔 수 없는 선택이었다. 몽골 제국이 해체되고 흑사병이 확산되면서 실크로드가 붕괴된 것 역시 이들의 분발을 촉구한 또 다른 요인이다. 15세기 초엽부터 아프리카 북서부 연안을 따라 항해를 시작했던 포르투갈의 해양 탐험가들은 15세기 중반 서아프리카 연안 탐사를 성공적으로 마친다. 성공적이라고 표현한 것은 아프리카 서부의 기니 만이 무풍지대인 까닭에 몇 주씩 표류하는 일이 다반사였고 그 지역을 통과하면 이번에는 남부 연안의 바람과 해류가 그들이 가려는 방향과 반대로 움직였기 때문이다. 그럼에도 이들은 서아프리카 연안을 따라 남하하는 것을 결코 포기할 수 없었다. 금과 노예무역 그리고 극동지역의 향신료라는 유혹은 너무나 강렬했다. 리스본에서 서아프리카의 황금해안, 상아해안, 노예해안까지 항해를 마친 포르투갈의 선장들은 기어이 희망봉까지 가는 루트를 완성한다. 1498년 바스쿠 다 가마는 희망봉을 돌아 인도양을 거쳐 인도까지 가는 횡단에 성공했고 그가 개척한 이 바닷길은 이후 수백 년 동안 대서양에서 인도 양으로 가는 표준항로가 된다.

제노바 출신의 콜럼버스는 서쪽으로 항해를 계속하면 동쪽에 도달할 수 있다는 (누구나 알고는 있지만 아무도 실행에 옮기지 못한) 가설을 증명한 사람이다. 보통은 구세계인 유럽과 신세계인 남북 아메리카 대륙을 이은 것으로 그의 업적을 평가하지만 그보다 더 중요한 것은 망망대해로 보였던 대서양에도 끝이 있다는 사실을 사람들에게 알려준 것이다. 실제로 그의 후배 탐험가들은 콜럼버스가 발견한 땅을 탐사하는 대신에 신대륙을 돌아 동방으로 가는 길을 찾는 데 주력했다. 대서양에 대한 두려움이 사라졌기 때문에 가능한 일이었다. 마젤란 역시 그들 중 하나로 신대륙 남단을 돌아 태평양 항로 진입에 성공했다. 대서양 항로, 태평양 항로가 열리자 북유럽의 강자들이 이 시장에 뛰어들기 시작했다. 영국과 프랑스 그리고 네덜란드다. 원래 후발 주자가 몸이 더 빠른 법이다. 영국과 프랑스, 네덜란드는 바다를 생선이나 낚는 곳으로 여기지 않았고 유럽과 북대서양을 넘어서는 해상 무역 네트워크 구축을 목표로 삼았다. 여기에 필수가 해군의 창설이다. 영국은 1510년 메리 로즈라는 전함을 진수하면서 해군을 창설했다. 1558년 즉위한 영국의 엘리자베스 1세는 해적이나 다름없던 프랜시스 드레이크를 중용했고 영국 선박의 에스파냐 선박에 대한 약탈활동을 묵인한다. 드레이크에게 주로 털리던 에스파냐의 심기를 긁은 이 행동이 결국 전쟁으로 이어졌고 승자는 영국이었다. 바다의 패권이 영국으로 이동한 것이다. 1600년 영국 상인들은 동인도 회사를 설립한다. 1602년에는 네덜란드가 네덜란드 동인도 회사를 세운다. 네덜란드 동인도 회사의 실력이 영국 동인도 회사를 능가하면서 갈등이 시작됐고 1652년부터 1674년까지 두 나라는 전쟁에 돌입한다. 영국은 3차례에 걸친 전쟁으로 네덜란드 수출에 큰 타격을 주었지만 정치적인 이유로 1백년을 흘려보낸 뒤 1781년부터 4년 동안 벌어진 4차전에서 네덜란드의 항복을 받아낸다. 1707년 잉글랜드와 스코틀랜드를 병합하는 것으로 제국을 완성한 영국은 한동안 해가지지 않는 제국으로 기세를 떨치다가 20세기 들어와 독일의 공격을 받은 끝에 해양 제국의 자리를 미국에게 넘겨준다.

거칠게 일람한 바다의 역사다. 등장하지는 않았지만 베네치아 역시 페니키아처럼 해상제국 1천 년의 역사를 가지고 있으며 비슷한 시기 이탈리아 도시 국가들도 베네치아에 필적하는 세력을 형성한 적이 있다. 이제 본격적으로 시대 별 해양 세력의 부침과 바다를 배경으로 짭조름한 이야기가 펼쳐진다. 그 시작은 페니키아도 아니고 그리스도 아니고 베네치아도 아니다. 수백 년 동안 북해와 발트 해 그리고 북대서양을 석권했던 북北게르만족 바이킹이 그 주인공이다. 특히 이른바 바이킹 시대라고 불린 850년부터 1050년까지 200여 년 동안 이들은 유럽의 광대한 지역을 점령했고 대서양을 건너 북아메리카로 가는 길을 열었다. 그야말로 '바다의 왕자'였던 바이킹의 기원과 역사로 들어가 보자.

2.
바이킹의 시대와 두 운명의 바이킹 족

만약 당신이 수요일에 뷔페식당에서 식사를 하고 근처 스타벅스에서 아메리카노 한 잔을 마셨다면 당신은 자신도 모르게 북유럽 바이킹에서 기원한 문화 세 개를 소비한 셈이다. 스타벅스는 추위를 피해 남하하던 바이킹의 일족은 갈대가 무성한 개울을 보고 자기네들 말로 stor(갈대)+bek(개울)이라고 부른 것이 명칭의 기원이다. 뷔페는 바이킹의 식사 습관으로 이들은 음식을 다양하게 차려놓고 골라 먹곤 했다. 영어의 수요일인 웬즈데이는 북유럽의 주신主神인 오딘에서 유래한 단어로 오딘의 날이라는 의미다. 신들의 이야기치고 재미없는 게 없지만 오딘의 이야기만큼 흥미진진한 것도 드물다. 일단 오딘은 신과 거인 사이의 혼혈로 신이라고는 하지만 정확히는 반신반인이다. 오딘의 아버지인 보르 신神은 거인족인 베스틀라와 혼인을 하는데 이는 북유럽 신화에서 신과 거인이 결혼한 최초의 사례다. 오딘은 마법과 지혜, 바람, 전쟁 그리고 죽은 자의 영혼을 주관한다. 그는 어떤 모습으로도 변신할 수 있지만 가장 애호하는 스타일은 애꾸눈에 머리에 챙이 달린 모자를 쓰고 긴 턱수염을 기른 노인이다. 곁에는 후긴(생각)과 무닌(기억)이라는 이름의 까마귀 두 마리를 데리고 다닌다. 이 두 마리 까마귀는 세상에서 벌어지는 모든 정보를 수집해서 오딘에게 알려준다. 마법 외에 개인 무기로는 어떠한 경우에도 빗나가지 않는 투창인 궁니르를 사용하는데 이 창은 표적을 쫓아가 꿰뚫은 다음 다시 오딘에게 돌아온다고 한다. 오딘은 기독교의 신처럼 전지전능하지도 않았고 그리스인들의 신들처럼 오만방자하지도 않은 성실한 캐릭터다. 그는 자신의 눈알 한 개를 제물로 바치고 현세의 지혜를 얻었으며 거대한 나무인 위그드라실에 목을 매고 스스로 창으로 자기 몸을 찔러 죽음을 경험하는 과정에서 저승의 지혜를 터득한다. 이승과 저승을 일람한 오딘은 신비의 룬rune 문자(고대 스칸디나비아의 문자로 칼끝으로 나무에 적는다)를 깨우쳤고 18개의 강력한 마법들을 추가로 익힌다.

대부분의 신화는 신진 세력이 기존 세력을 몰아내는 것으로 시작한다. 제우스가 그랬듯 오딘도 동생들인 빌리, 베이와 힘을 합쳐 자신의 외가인 거인 족 두목 이미르와 싸워 그를 죽이는 것으로 신들의 세계에서 1인자가 된다. 오딘은 이미르의 시체 분할 처리로 세상을 창조했는데 살로는 땅을, 뼈로는 산과 바위, 발가락으로는 돌과 옥을, 피로는 호수와 바다를 그리고 두개골로는 하늘을 만들었다고 한다. 이제 남은 것은 오딘이 만든 세상에서 살 인간의 창조. 어느 날 바닷가를 거닐던 오딘은 물 위에 떠 있는 두 개의 통나무를 발견한다. 오딘은 그것을 깎아 인간 남자와 여자의 형상을 만들었고 남자에게는 아스크(물푸레나무), 여자에게는 엠브라(느릅나무)라는 이름을 붙인다. 아스크와 에브라에게 오딘은 호흡과 생명을 주었고 빌리는 지혜와 힘을 선물했으며 베이는 언어와 지각력을 얹어주는 것으로 인간 창조는 완성 된다. 이후 오딘은 대지의 여신인 표르긴의 딸 프레이야와 결혼했고 하늘에 자신의 왕국인 아스가르드를 건설한다. 이 아스가르드의 거대한 궁전 이름이 그 유명한 발할라다.

원래 오딘은 농민들이 주로 섬기던 토르보다 하위 레벨이었지만 전쟁을 통해 성장한 전사 계급이 세력을 얻으면서 최고 레벨로 격상된다. 오딘은 인간의 전쟁에 직접 관여하는 것은 물론 승리와 패배를 결정하는 역할까지 도맡는다. 그는 전사들에게 분노와 충동적 광란 같은 감정을 쏟아부어 전투를 조장하는데 이때 오딘이 승리를 약속한 군대의 머리 위에는 후긴과 무닌 두 마리 까마귀가 맴돈다. 오딘의 발치에는 두 마리 늑대가 따라다닌다. 늑대들의 이름은 게리(탐욕스러운 자)와 프레키(굶주린 자)로 이 늑대들은 전쟁터에서 죽은 시신을 뜯어먹는다. 늑대들이 시신을 다 먹어치우면 영혼은 반신반인의 여전사인 발키리의 인도로 발할라에 가게 된다. 이 영혼들은 발할라에서 오딘의 전사로 부활하는데 낮에는 마당에서 서로 죽을 때까지 싸우고 밤에는 다시 살아나 발키리들의 시중을 받으며 연회를 즐기는 생활을 반복한다. 끝없이 그러는 건 아니고 라그나로크의 날까지다. 라그나로크는 북구 신화에서 말하는 인류 종말의 날로 내용은 복잡하여 생략한다. 유명 온라인 게임이 여기서 이름을 따왔다. 재미있는 것은 발할라에 올 수 있는 자격이 전쟁터에서 용감하게 '싸우다 죽은' 전사들에게만 주어진다는 사실이다. 해서 오딘은 지상에서 끊임없이 전쟁을 일으키는데 이때 주로 불화를 일으키는 게 사랑과 미의 여신이자 오딘의 처인 프레이야다. 오딘은 자신이 점찍어

둔 용사를 후원하다가 마지막 순간에 그를 배신하고 버린다. 그가 전쟁터에서 죽어야만 발할라로 와서 자신의 전사가 되기 때문이다. 사랑해서 죽인다는 이 독특한 프로세스 덕분에 오딘의 사랑을 듬뿍 받은 사람들의 끝은 대부분 명성의 추락과 참혹한 죽음이다. 오딘은 전사들을 발할라에만 모으는 게 아니라 프레이야에게도 절반 정도 맡겨둔다. 프레이야의 궁전 이름은 폴크방이다.

우리가 그리스신화에만 익숙한 탓에 북구신이라면 오딘과 토르 정도만 알고 있지만 사실 북유럽 신화는 이보다 훨씬 방대하며 유럽 전체를 놓고 보면 그 영향력과 인지도에서 그리스신화를 압도할 정도다. 당장 영어의 요일 이름만 해도 일요일, 월요일, 토요일을 제외한 화, 수, 목, 금이 북유럽 신화의 주인공들이다. 화요일Tuesday은 전쟁의 신인 티르Tyr에서 유래했고 수요일Wednesday은 오딘이 기원이다. 목요일Thursday은 오딘의 아들이자 벼락의 신인 토르Thor에서, 금요일Friday은 사랑과 미의 여신 프레이야Friya에서 유래했다. 북유럽 신들이 일주일의 절반 이상을 꿰찬 것은 11세기에 바이킹이 잉글랜드를 접수하면서 이들의 신화와 문화가 널리 퍼져나갔기 때문이다. 바이킹은 중부 유럽인들이 8세기 말에서 11세기 중반에 걸쳐 북쪽에서 내려온 게르만족의 일파인 노르드인(북쪽 사람들)을 지칭하던 말이다. 바이킹의 어원은 스웨덴과 덴마크 사이의 좁은 해협인 비켄에서 왔다는 설도 있고 노르만 언어로 바다 건너 모험을 떠나는 것을 뜻하는 '이 바이킹 i viking'에서 유래했다는 설도 있는데 아마 당시 사람들에게 물어봐도 잘 모를 것이다(참고로 바이킹으로 발음하는 언어는 영어 정도고 프랑스, 독일, 스웨덴, 덴마크 등 여타 유럽 국가에서는 비킹이다). 척박한 땅에서 제대로 된 농경을 실현할 수 없었던 이들은 내부에서 답을 구하는 대신 외부로 눈을 돌린다. 이들은 크게 세 갈래로 이동을 시작했는데 덴마크 바이킹은 주로 잉글랜드와 프랑스로 진출했고 스웨덴 바이킹은 러시아의 키예프로 방향을 잡았다. 노르웨이 바이킹은 아이슬란드와 그린란드를 식민지로 삼았고 현재 캐나다 최동단인 뉴펀들랜드까지 진출했다. 물론 큰 방향이 그렇다는 얘기고 수많은 부족 국가들이 있었던 만큼 진출은 한 지역 내에서도 다양하게 이루어졌다. 잉글랜드와 유럽 대륙을 강타한 것은 주로 덴마크와 스웨덴 계통의 바이킹이었다(지리적으로 가깝다보니 이들과 피의 접점이 많았던 잉글랜드에서는 이 바이킹을 데인족이라고 불렀다). 이들은 잉글랜드와 프랑스의 해안 지방은 물론이고 이베리아 반도를 지나 지중해를 건너 동로마 제국의 콘스탄티노플 근교와 심지어 페르시아까지 진출했다. 이를 보통 게르만족의 이동에 이은 노르만족의 대이동이라고 부르지만 둘은 뿌리가 같은 종족인 까닭에 1차 대이동, 2차 대이동으로 부르는 것이 적당하겠다. 1차 대이동은 스칸디나비아 반도와 유틀란트 반도에 거주하던 일단의 게르만족이 기원전 600년 무렵부터 추위를 피해 남하하면서 켈트족을 몰아내고 중부유럽을 차지하고 있다가 476년 서로마 제국이 수명을 다하자 유럽 전체와 북아프리카까지 진출하여 부족 단위로 자신들의 왕국을 세운 사건이다.

노르웨이 바이킹의 대표적인 인물은 에리크 로데(빨강 머리 에리크)이다. 에리크의 아버지인 토르발트는 여자 문제로 지역 유력가와 싸움을 벌였고 그 과정에서 유력가의 아들 둘을 저 세상으로 보내버린다. 토르발트는 처벌을 피해 위험하고 무모한 도주를 선택한다. 가족을 이끌고 서쪽으로 이동해 아이슬란드에 정착한 것이다. 사람이 괜히 안 사는 땅이 아니었다. 거친 기후와 야박한 토양과 오로지 까맣기만 한 아이슬란드의 어두운 겨울에 비하면 스칸디나비아는 차라리 파라다이스였다. 토르발트 가족은 아담한 계곡에 둥지를 틀고 터를 닦았다. 초라한 땅이었지만 소중하게 가꾸다 보니 그럭저럭 살만했다. 토르발트가 섬에 온 지 80년 후 아이슬란드의 첫 번째 알씽(의회와 법원을 합친 일종의 민회 겸 재판소)에서 아이슬란드 독립을 공식 선언한다. 인구는 그 사이에 3만 명으로 불어있었다. 소문을 듣고 삶이 고단한 사람들이 너도나도 고향을 버리고 아이슬란드로 몰려왔기 때문이다. 불어난 인구는 땅 부족이라는 문제로 이어진다. 식량을 배급해야 했고 법의 규제가 갈수록 빡빡해졌다. 970년 무렵 아이슬란드에 기근이 닥친다. 사람들은 까마귀와 여우를 잡아먹었고 노인과 약한 사람의 허기를 모른 척 했다. 또 다른 이주가 필요한 상황이었다. 때맞춰 토르발트의 아들인 에리크가 동네 사람들과 시비 도중 두 명을 때려죽이는 불상사가 발생한다(일종의 집안 내력?). 처벌은 '법의 보호를 박탈하는 형'으로 3년 간 추방이었다. 어디로 가 있을까 궁리하던 에리크는 982년 봄 북동풍이 부는 바다를 건너 더 서쪽으로 간다. 예전에 들었던 낮고 평평한 섬이 떠올랐기 때문이다. 거대한 얼음 덩어리로 된 땅이 그의 시야에 나타났다. 암초와 빙산을 더듬더듬 통과한 에리크가 도달한 곳이 서쪽 끝의 녹색 계곡이었다. 다행히 높은 산이 있어 만년빙과 분리되어 있었고 적어도 물고기만큼은 얼마든지 잡아먹을 수 있었다. 현재에도 '에리크 피오르드'라고 하는 이곳에서 그는 세 번의 겨울을 난다. 아이슬란드로 돌아온 에리크는 자신이 있던 곳에 대해 이야기하기 시작한다. 에리크는 섬의 이름을 그린란드라고 소개한다. 바위와 얼음뿐인데다 여름 한 철에는 해가 지지 않고 반대로 겨울 석 달은 해를 볼 수 없는 곳에 에리크가 그린란드라는 말도 안 되는 이름을 붙인 것은 이름이 예뻐야 아이슬란드의 바이킹을 불러들여 정착촌을 만들 수 있다고 생각했기 때문이다. 실제로 아이슬란드 바이킹들은 이름에 속아 대거 그린란드로 이주한다. 스물다섯 척의 배를 타고 800km 바다를 건넌 이들을 기다린 건 황당 그 자체였다. 초록색 같은 건 당연히 없었고 황량한 해변에는 차가운 칼바람만 윙윙 불어대고 있었으나 아이슬란드로 돌아가는 것을 포기한 이들은 눈물을 머금고 그곳에서 생활을 꾸려나간다(바다를 건너는 동안 폭풍우로 열 한 척이 침몰). 지금도 그린란드에서는 아무런 곡물도 자라지 않는다. 가냘픈 자작나무가 그나마 살아있는 생명이다. 아니 생명체가 있긴 있었다. 이들보다 먼저 와 삶의 난해함을 실감하고 있던 에스키모들이다. 그들은 아이슬란드 바이킹에게 호의적이지 않았다. 그렇다고 서로 뭐 뺏어먹을 게 있는 것도 아니어서 무관심한 평화는 이어졌다. 그린란드 바이킹은 비쩍 마른 소를 기르고 고래와 물개를 잡았으며 가끔 섬을 찾아오는 사람들에게 곡식을 받고 물개와 곰의 가죽, 바다코끼리의 송곳니 등을 팔았다. 당연히 영양 상태는 실조를 넘어 실종 상황. 고고학자들이 그린란드의 옛 무덤을 발굴했을 때 이들 성인남자의 키는 150cm 미만이고 여자들은 120cm 정도였다니 그 척박함을 짐작할 수 있다.

이곳에서 에리크는 아들을 낳는데 역시 빨강 머리로 이름이 레이프 에릭손이었다. 레이프 에릭손은 마을 노인으로부터 북대서양을 항해하면서 미지의 땅을 보았다는 이야기를 듣고 서른 명 부하들과 차가운 북쪽 바다를 건넌다. 그리고 수차례 위험을 넘기고 미지의 섬에 도착하니 그게 북아메리카의 뉴펀들랜드였다. 물고기는 솟구쳐 오르고 곳곳에 야생포도가 자라고 있어 섬의 이름을 빈(포도나무)란드로 붙인 레이프 에릭손은 배에 한 가득 포도를 싣고 그린란드로 돌아온다. 고향 사람들에게 새로운 섬의 발견을 자랑하고 우리도 이제 '게으름'을 누릴 수 있다고 선전한 것은 물론이다. 이듬해 다시 빈란드를 찾은 레이프 에릭손은 적대적인 원주민들과 조우한다. 자기네도 문명의 변두리지만 이 원주민들은 상태가 더 심각했다. 레이프 에릭손은 이 원주민들에게 스크래얼링스라는 이름을 붙여준다. 노르만 어로 '짐승 같은 소리를 지르는 인간들'이라는 뜻이다. 10년 가까이 전투를 벌였지만 섬을 차지하려는 레이프 에릭손의 노력은 실패로 돌아가고 결국 눈물의 철수를 한다. 이들을 막아낸 것은 북아메리카 인디언이었다(사실 이 명칭도 웃긴다. 콜럼버스가 인도인 줄 알고 발견한 아메리카에 살았다는 이유로 이들은 인도인이라는 의미의 인디언이 되었다). 그러나 빈란드 이야기는 위증된 자료와 거짓 기록으로만 남아있다. 일단 뉴펀들랜드 북부에는 그런 포도가 자라지 않는다. 바이킹이 정말 빈란드를 발견했는지는 아직까지 희망과 믿음의 영역이다.

좌충우돌 이 가문에 이어 이제 본격적으로 신화적인 인물이 등장할 차례다. 스웨덴과 덴마크를 다스렸던 라그나 로스브로크인데 신화적이라고 표현한 이유는 그가 역사와 전설 양쪽에 발을 걸치고 있는 인물이기 때문이다(로스브로크는 별명이다. 털 반바지라는 뜻). 그는 780년대 후반부터 잉글랜드 중부와 북부를 약탈하면서 바이킹의 유럽침공 시대를 열

잉글랜드의 7왕국 시대 지도. 앵글 족의 노섬브리아, 머시아, 동※ 앵글 리아, 색슨 족의 웨식스, 서식스, 에 식스 그리고 주트 족의 켄트 왕국 이다.

었다. 793년 6월 라그나가 주도한 영국 북동쪽 린디스판 수도원 공격은 9세기에 편찬된 '앵글로색슨 일대기'에 기록된 최초의 공식 약탈 사건이 다. 120여 척의 배에 5천 명의 전사를 싣고 서프랑크 왕국의 수도 파리를 대대적으로 약탈한 것은 그의 대표적인 업적으로 포로들의 몸값으로 수 천 파운드의 금과 은을 받아내기도 했다. 명성과 악명을 떨치던 그는 폭 풍을 만나 노섬브리아 왕국 해안에 좌초했고 여기서 노섬브리아의 왕인 앨라 2세와 생애 마지막 전투를 벌인 끝에 패배하고 처형당한다. 라그나 는 아들 여럿을 두었다. 하나같이 아버지 뺨치는 인물들로 이후 중부 유 럽을 공포에 떨게 만들었으며 아들 중 특히 비요른과 시구르드는 본토 로 돌아와 중세 스웨덴과 덴마크의 시조가 되었다.

바이킹이 상륙하기 시작했을 무렵 잉글랜드는 7개의 왕국이 난립한 상태였다. 자기들끼리도 사이가 별로인 상황에서 바이킹까지 쳐들어 왔으니 효과적인 대처가 가능할리 없다. 주요 전투마다 판판이 깨졌으며 평화협상이라는 이름으로 금과 은을 내주는 등(바이킹이 가장 선호한 것은 은이다) 수모란 수모는 다 겪었다. 그러나 그때까지만 해도 부족 단위의 약탈이어서 치명적인 위기가 닥친 것은 아니었다. 그러나 얼마 후 그레이트 아미the great army라고 불리는 덴마크 바이킹의 대군이 잉글랜드에 상륙 하면서 상황은 최악이 된다. 라그나 로스브로크의 두 아들인 '흰 옷' 해프단과 '무골無骨' 이바르가 이끈 그레이트 아미는 10년간 6개의 왕국을 박살내면서 약탈을 자행했고 잉글랜드는 말 그대로 쑥대밭이 된다(이바르의 별명이 무골이었던 것은 머리와 발을 잡아 늘인 것처럼 키가 크고 깡말랐기 때문이다).

약탈이 지겨워지자 이바르는 아일랜드로 건너가 정착했고 해프단은 잉글랜드 한 가운데 자리를 잡았다. 그 무렵까지 바이킹에게 치명상을 안 입은 곳은 남쪽의 웨식스 왕국 정도였다(현재의 버크셔, 햄프셔 등). 머시아를 합병하며 웨식스를 잉글랜드의 최강자로 만들었던 액버트 왕의 손자인 앨프레드가 마지막 희망이었다. 871년 왕위에 오른 앨프레드는 수십 차례 바이킹과 전투를 치룬 끝에 886년 개종을 조건으로 동東 앵글리아 영토를 자치구로 내주며 이들과 공존을 모색한다. 이때 바이킹의 자치구를 데인로Danelaw라고 불렀으며 데인족의 법률로 통치한다는 의미였다. 웨식스의 강경파들은 땅을 내주고 얻은 평화를 달갑게 여기지 않았다. 데인족 역시 영토 욕심을 숨기지 않았다. 이들은 고향인 덴마크와 긴밀한 연락을 주고받으며 잉글랜드 완전 정복을 꿈꾼다. 웨식스 왕국과 데인족은 여러 차례 충돌했고 앨프레드 왕의 아들인 에드워드는 아버지가 내주었던 동 앵글리아를 되찾는다. 데인족의 영역은 이제 예전 노섬브리아의 요크 정도로 줄어들었고 924년 즉위한 애설스탠 왕이 요크까지 점령하면서 데인족은 군사적인 기반을 모조리 상실한다. 927년 애설스탠은 잉글랜드 왕국의 초대 왕위에 오른다. 1707년까지 이어지는 잉글랜드 왕국의 출범이었다. 스코틀랜드와 웨일즈의 왕까지 지배한 애설스탠은 영광왕, 승리왕이라는 별칭으로 불린다. 1002년 대형사고가 터진다. 애설레드 2세가 반란을 꾀했다는 이유로 정착 데인족을 학살한 것이다. 덴마크 본토에 있던 데인왕 스웨인은 이를 빌미로 잉글랜드를 침공한다. 10여 년간 간헐적인 침략과 일시적인 휴전을 거듭하던 스웨인은 1013년 대대적인 원정을 감행해 대승을 거두고 잉글랜드 왕위에 오른다. 잉글랜드 왕국 최초의 외국인 국왕이다. 덴마크, 노르웨이, 잉글랜드에 걸친 스칸디나비아 제국을 탄생시켰지만 스웨인의 영광은 짧았다. 이듬해인 1014년 55세의 나이로 스웨인이 사망하고 노르망디로 도망쳤던 애설레드가 잉글랜드 국왕 자리에 컴백하면서 제국은 해체된다.

845년 라그나 로스브로크의 약탈 이래 바이킹의 '바'자만 나와도 경기를 일으키던 서프랑크 왕국 역시 885년 최악의 상황을 맞이한다. 700여 척에 나눠 탄 4만 바이킹 연합군이 파리 함락을 목표로 센 강으로 들어선 것이다. 바이킹이 공성전에 취약했던 탓에 성은 뚫리지 않았지만 성 주변의 사정은 참혹했다. 공성전 틈틈이 바이킹은 주변 마을을 휘젓고 다녔고 젊은 남자는 물론 어린이와 노인까지 가리지 않고 무차별 살해했다. 당시 동프랑크와 서프랑크를 지배했던 카를 3세는 돈으로 평화를 산다. 바이킹에게 엄청난 양의 금과 은을 주는 것으로 사태를 수습한 것이다. 845년 파리 침탈 당시 샤를 2세가 은화를 지불하고 라그나로스브로크를 돌려보냈을 때와 판박이였다. 매번 그런 식이었다. 해가 바뀌면 지난 바이킹과는 다른 또 다른 바이킹이 나타났고 또 금과 은을 요구했다. 898년 침공 때는 아예 센 강 하구에 살림까지 차렸는데 진저리가 난 샤를 3세는 911년 바이킹 일족의 우두머리인 롤로에게 봉토를 내주고 자신의 딸과 결혼시킨 뒤 노르망디 백작에 봉한다. 조건은 기독교 개종 그리고 다른 바이킹이 침략해 올 경우 이를 방어하는 것이었다. 롤로가 다스리던 봉토는 나중에 노르망디 공국이 된다.

1066년 잉글랜드 왕위 쟁탈전이 벌어진다. 참회왕 에드워드가 후사 없이 사망하면서 3명의 후보가 왕좌를 제 자리라 우기며 달려든 것이다. 웨식스 출신 잉글랜드 국왕 헤럴드 2세, 노르망디 공국의 윌리엄 공작, 노르웨이의 하랄드 3세가 그 주인공으로 좀 웃기게 말하자면 선조가 바이킹(잉글랜드), 전직 바이킹(노르망디), 현직 바이킹(노르웨이)의 대결이었다. 개막전은 헤럴드 2세와 하랄드 3세 사이에서 벌어진다. 자신의 전력 우위를 과다하게 확신한 하랄드 3세의 자만심 탓에 노르웨이 군단은 허무하게 무너진다. 승리를 축하할 때가 아니었다. 바로 다음 날 노르망디 윌리엄의 군대가 잉글랜드 남부에 상륙했다는 소식이 날아온다. 헤럴드 2세가 하랄드 3세와 격전을 치른 곳은 잉글랜드 북부다. 한시라도 빨리 남하해서 윌리엄을 막아야 했고 400km나 되는 강행군을 했으니 병사들의 체력이 고갈된 것은 당연한 일이다. 결국 헤럴드 2세는 헤이스팅스 전투에서 패배했고 잉글랜드 왕국은 웨식스에서 노르만 왕조로 교체된다. 이 사건으로 노르웨이는 잉글랜드에 대한 영향력을 상실했고 개종 바이킹인 윌리엄 공작은 윌리엄 1세로 잉글랜드 왕위에 즉위한다. 그는 샤를 3세가 포섭해 봉신으로 삼았던 바이킹 롤로의 5대손이었다. 노르망디 공작의 잉글랜드 왕 즉위는 이로부터 270년 뒤 영국과 프랑스 사이에 벌어진 100년 전쟁의 발화점이 된다.

  서쪽으로 남하한 혹은 서진한 바이킹이 쏠쏠하게 재미를 보았다면 동쪽으로 방향을 잡았던 스웨덴 바이킹은 불운의 연속이었다. 일단 문명의 측면에서 슬라브인들은 자기들보다 하나 나을 것이 없었으며 금과 은을 털기는커녕 가난한 마을을 만나면 오히려 보태줘야 할 판이었다. 어쩌랴 이미 고향을 떠나 온 것을. 동진東進 바이킹은 그것도 오딘의 뜻이려니 하면서 소박하게 생활을 이어나간다. 이것이 1차 불운. 그러나 2차 불운은 더 강렬하게 다가왔다. 십자군 시대를 맞아 활발한 동서 교류로 소박한 촌락이 조금씩 활기를 찾을 무렵 동쪽에서 몽골군이 쳐들어온 것이다. 자기들도 동네에서는 싸움 좀 한다고 생각했지만 바람처럼 달려와 화살을 날리고 가는 몽골 기병에게는 속수무책이었다. 자신들의 특기인 육박전 실력을 발휘할 기회가 주어지지 않았고 허무하게 패배했으니 이것이 2차 불운. 게다가 일부 철수하지 않은 몽골군이 남러시아 일대에 주저앉으면서 유럽과의 교류를 차단해 버렸으니 이것은 3차? 아니면 부록? 하여간 동쪽 러시아 평원의 바이킹은 현재에서 보면 남하 방향을 잘못 잡은 탓에 연달아 눈물의 역사를 쓴 셈이다. 스웨덴 바이킹은 슬라브족에게 큰 선물 하나를 남겼다. 나중에 슬라브인들이 만든 나라 러시아라는 국명의 기원이다. 당시 동쪽 러시아 땅에 거주하던 것은 핀족과 슬라브족이었는데 이들은 스웨덴 바이킹을 자신들의 보호자라고 생각해서 공물을 바쳤다. 핀족은 스웨덴 바이킹의 일족인 바랑족族을 루스Rus족族이라고 불렀는데 러시아라는 말이 여기서 나왔다. 재미있는 것은 이 바랑족이 약탈보다는 무역과 상업에 더 관심을 가진 종족이었다는 사실이다. 이들은 노브고르드에 무역거점을 만들었고 키예프를 상업 도시로 발달시켰다. 무역과 상업을 좋아하던 종족의 이름이 이를 별로 좋아하지 않는 공산주의국가 소련의 이름이 되었으니 역사의 아이러니가 아닐 수 없다.

이렇게 해서 200년 바이킹의 전성시대가 끝난다. 바이킹의 유럽 약탈은 기질의 문제라기보다는 그들의 본토 특성에 따른, 도저히 해결할 수 없는 문제들 때문이었다. 인구는 많고 토지는 부족했으며 식물은 잘 자라지 않았다. 중세 초기 바이킹은 눈비를 맞고 보리스프를 먹으며 살았다. 고기는 드물었고 꿀이 유일하게 단 음식이었다. 고기와 꿀은 유력한 사람들이나 먹는 음식으로 평민들은 평생 먹어보지 못하고 죽었다. 빵은 생필품이 아니라 사치품으로 분류되었다. 평민들은 대부분 생선과 곡물 죽으로 연명했고 평생의 삶은 그 식단의 반복이었다. 겨울에는 비타민을 거의 공급받지 못해 영양실조로 시달렸고 공짜로는 아무 것도 주어지지 않는 자연의 법칙에 순응하며 살았다. 난방을 위해서는 불을 지펴야 했는데 환기시설이 따로 있을 리 없어 실내에는 항상 매운 연기가 자욱했다. 의료 종사자들은 이런 환경에서 인간의 평균 수명은 서른 살 내외라고 한다. 이들의 생래적으로 원초적인 고통은 나중에 그리스도교를 받아들이는 데는 유용했다. 고난으로 가득한 삶은 저승에 갔을 때 힘든 노동에 대한 사례를 받기 위한 것이라는 그리스도교의 교리는 바이킹의 심금을 울렸다. 그것은 그들이 항상 바라고 앙망하는 것이었다. 이런 사람들에게 예술을 말하는 것은 죄악이다. 문명이 발달하지 못했다고 손가락질하는 것도 범죄다. 그나마 룬 문자가 있는 게 신기할 정도다. 게다가 노르웨이와 덴마크에서 벌어진 수많은 내전과 왕족들 간의 갈등은 내일을 보장하지 못하는 삶을 선사했다. 신화는 현실인식의 반영이다. 얼마나 살기가 고달프고 죽음이 가까이 있었으면 발할라에서 오딘과 술잔을 기울이는 것을 기쁨과 위안으로 삼았겠는가. 폭력적이었으나 그들은 부도덕하지는 않았다. 바이킹은 죄를 지은 사람을 추방하는 것으로 나름의 도덕성을 추구했으며 항상 신 앞에서 떳떳하기를 바란 사람들이었다. 뿔난 투구와 무식해 보이는 도끼 그리고 롱쉽(바이킹의 긴 배)로만 우리에게 익숙한 바이킹은 실은 약탈과 상업을 동시에 진행하던 사람들이었고 손재주가 좋아 세공품 제작에도 능숙했던 민족이었다(참고로 바이킹 중 누구도 투구에 쇠뿔을 달지 않았다. 별도의 장식품이었다). 바이킹의 진취적인(이 역시 환경의 산물이기는 하지만) 기질은 기술 개발에서 확연하게 드러났는데 전쟁과 무역을 가능하게 하는 바이킹 선의 건조가 그 대표적인 사례다.

롱쉽 이야기

바이킹 배는 크게 두 종류다. 전투, 무역 등 다목적인 랑스킵(롱십의 어원)과 수송에 특화된 크노르. 우리가 '바이킹 배'하면 떠오르는 이미지는 랑스킵이다.

바이킹의 배는 길이가 너비보다 길고 흘수선이 낮으며 네모 돛 하나를 장착한 것이 기본형이다. 실제로 바이킹 배는 특별히 긴 게 아니라 물에 잠기는 흘수선이 낮아 시각적으로 그렇게 느껴질 뿐이지만 덕분에 롱쉽(long ship)이라는 이름을 얻었다. 롱쉽은 시속 20km 정도의 빠른 속도를 낼 수 있었고 바람과 폭풍이 심해도 노를 이용해 항해할 수 있었다. 선원들은 배의 추진 장치이자 전사였으며 항해사였고 배의 운반자였다. 인간이 할 수 있는 최대한을 다 끌어낸 것이 롱쉽이었던 것이다. 현재까지 발굴된 바이킹 배 가운데 가장 유명한 것으로는 니담 배, 오세베르크 배, 고크스타트 배, 로스킬데 배의 넷인데 이중 가장 시기가 오래된 것이 4세기 후반에 건조된 니담 배이다. 사양을 보면 길이는 24m, 너비는 3m, 깊이는 1.3m로 지중해 등 다른 바다에 등장했던 배들과는 확연히 다르며 북해 특유의 난폭한 물결에 엎어지지 않도록 설계된 것으로 보인다. 특이한 것은 이물에서 고물에 걸쳐 선체를 받치는 기능을 하는 길고 큰 재목인 용골이 없다는 것이다. 이를 대신해 배 밑바닥에 두꺼운 널빤지를 깔았는데 이 널빤지를 뒤집힌 'L'자 모양으로 만들어 선체 바닥 가로축 방향의 주요 부재를 지탱하도록 했다. 양 끝부분이 매우 높고 날카로운데 전투에서의 실용적인 측면보다는 상대에게 두려움을 주거나 미학적인 부분을 고려한 것이 아닌가 싶다. 롱쉽은 노 젓는 사람이 앉는 가로장의 숫자로 크기를 짐작할 수도 있는데 연구자들에 의하면 1척당 30개에서 40개 정도의 가로장이 있었다고 한다. 니담 배는 이보다 조금 적어서 15개의 가로장이 있다. 방향을 잡는 조타용 노는 우현에 하나만 있는 것이 보통이다. 배의 사이즈가 그리 크지 않았던 이유 역시 앞서 말한 북해의 고도가 높은 파도 때문일 것이다. 한편으로 바이킹은 배를 타고 가다가 육지를 만나면 배를 어깨나 머리에 지고 이동했는데 무게를 감당하기 적당한 선에서 맞췄을 것이라는 짐작도 가능하게 한다.

오세베르크에서 발견된 배는 장례용으로, 딱 봐도 예술적이고 화려하다. 젊은 귀부인과 노파가 매장된 나무 널 두 개가 있었는데 아마 순장의 풍속이 있지 않았나 싶다. 바이킹은 족장 등 신분이 높은 사람의 장례를 치를 때 배 모양의 돌무덤에 묻거나 배에 시신을 실은 후 불을 질러 바다로 보내는 풍습이 있었다. 길이는 니담 배와 비슷한데 폭은 상대적으로 넓어 5m, 깊이는 낮아서 85cm로 특수목적으로 제작된 배임을 알 수 있다. 고크스타트 배 역시 장례용 배인데 깊이가 2m나 되는 것이 특징이다. 부장품으로 일상용구와 모형 배, 장신구, 말 12마리, 개 6마리가 함께 출토되어 주인이 상당히 신분이 높은 사람임을 짐작할 수 있다. 한편 일반적으로 알려진 롱쉽은 상업용으로는 부적합하다. 실을 수 있는 물건의 한계가 있기 때문인데 그런 이유로 깊이가 깊고 가로 들보 사이에 뺐다 끼웠다 할 수 있는 널빤지를 두어 갑판 구실을 할 수 있도록 한 고크스타트 배가 상업용으로도 활용되지 않았을까 추측된다.

바이킹은 태양의 고도를 재 위도를 측정했고 바람의 세기와 방향, 파도 등의 데이터베이스를 기반으로 항해했다. 최종적으로는 까마귀를 날려 돌아오지 않으면 날아간 방향 쪽에 육지가 있다는 약간 위험한 방법도 사용했다고 기록되어 있다. 바이킹은 청동 취사도구를 싣고 다니긴 했지만 갑판에 불이 붙는 것을 피하기 위해 식사는 가능하면 상륙해서 했다. 음식은 소금을 뿌려 말린 생선, 버섯, 감자 그리고 맥주였다.

3.
베네치아, 나무 위에 지어진 도시

　만약 당신이 베네치아 여행을 갔다가 내내 날씨가 화창했다고 일기장에 기록했다면 당신은 진짜 베네치아를 본 것이 아니다. 괜히 물의 도시가 아니다. 비가 와야 그때부터 도시의 진면목이 드러난다. 평소 다니던 길이 물에 살짝 잠기면 도시 곳곳에 순식간에 작은 간이 다리들이 놓인다. 그리고 장화를 신은 사람들이 첨벙첨벙 거리를 걸어야 그때부터 진짜 베네치아다. 그렇다고 베네치아를 물 위에 세워진 도시라고만 말해서는 곤란하다. 물 아래, 그러니까 베네치아 거리 밑에는 수많은 나무 말뚝이 박혀 있다. 그것은 나무의 산이고 해서 베네치아는 '나무 위에 지어진 물의 도시'다. 지금의 베네치아는 그저 볼거리 많고 역사가 풍족한 관광도시다. 그러나 이 도시는 한때 천년 해상 제국으로까지 불리며 세상의 물류를 쥐고 흔들었던 영광의 이름이었다. 15세기에는 1인당 국민소득이 유럽에서 가장 높았던 경제 강국이었다. 어떤 사람들은 그것을 기적이라고까지 부른다. 기적이 맞다. 베네치아는 애초에 도시가 세워질 수 없는 곳이었다. 사람들이 모여 살 그 어떤 우호적인 조건도 갖추어지지 않은 곳이 베네치아다. 일단 이 나라에는 정상적인 의미의 도로라는 게 없다. 개울과 수로를 준설(하천이나 해안 바닥의 흙과 암석을 파헤쳐 바닥을 깊게 만드는 토목공사)해서 만든 운하가 이들의 도로였다. 당연히 교통수단은 말이 아니라 배가 된다. 게다가 음식은 생선이 전부에다 식수는 빗물이었다. 자연의 호의에서 완벽하게 제외된, 개펄에서 일어난 베네치아 공화국의 굴기(倔起)와 번영은 그들의 진취적인 사고와 당시 주변 정세가 절묘하게 맞아 떨어진 인류사의 매우 특별한 사건이다.

오로지 갈대뿐인 개펄로 사람들이 모여들면서 이 도시의 이야기는 시작된다. 바람에 실려 오는 이야기들은 흉흉했다. 사람의 두개골을 물 사발로 이용한다느니 전투 전에는 끓인 태아의 즙에 화살을 담근다느니 어린아이 고기를 먹고 여자의 피를 마신다느니 소문은 끝이 없었다. 끔찍한 풍문이 사람들 사이를 오가며 부풀려지는 동안 어른들은 밤잠을 설쳤고 아이들은 악몽을 꾸었다. 소문의 주인공은 훈족이었다. 로마 령 아프리카 지역의 주교였던 아우구스티누스는 소문을 아예 공인해버렸다. "세계는 멸망하고 있다." 폭풍처럼 몰려드는 훈족은 그만큼 두려운 존재였다. 겁에 질린 사람들은 하나 둘 피난을 떠나기 시작했다. 그곳이 베네치아 석호 지역이다. 브렌타 강, 실레 강, 피아베 강이 아드리아 해의 서북쪽 귀퉁이로 흘러들어가면서 생긴 초승달 모양의 이 개펄은 이미 40여 년 전에도 한 차례 피난처로 이용된 적이 있는 검증받은 피난 지역이었다. 402년 고트족이 이탈리아 북부로 침공해 들어올 당시 베네토 지역 사람들이 베네치아 석호에서 피난 생활을 했었다. 고트족이 물러갈 즈음 일부는 고향으로 돌아갔지만 가진 것 없는 사람들은 그 지역에 남았다. 훈족의 침입 때도 마찬가지였다. 일부는 돌아갔고 일부는 남았으며 이들은 예전의 정착민들과 함께 공동체를 꾸렸다. 그게 466년 무렵의 일로 정착민들은 세 명의 행정관을 선출했고 행정과 군사를 담당하게 했다. 베네치아에 대량으로 세 번째 피난민이 들어온 것은 568년이다. 이번에 사람들을 이동시킨 것은 롬바르드 족이었다. 꼭 침략 때마다 사람들이 유입된 것은 아니다. 정착한 사람들은 고향에 남아 있던 사람들에게 이주를 부추겼다. "생각보다 살만 하다니까." 예나 지금이나 살기 어려운 사람들은 고향을 떠나 새로운 정착지를 찾는다. 베네치아에 인구가 꾸준하게 늘기 시작한다. 이렇게 해서 6세기 말 경 제법 규모가 있는 새로운 바다 공동체가 개펄에 자리를 잡았고 7세기 무렵 동로마 제국의 황제에게 자치를 인정받는 것으로 도시의 역사가 공식적으로 시작된다. 사람들을 베네치아로 보낸 마지막 침략군은 프랑크 족이었다. 810년 프랑크 족은 이전의 침략자들과 달리 배를 이용해 석호 안까지 침입했다. 정착민들은 그때까지의 수도였던 말라모코를 버리고 석호 한가운데 있는 현재 베네치아의 본섬인 리알토로 도망쳤으며 지표가 되는 말뚝을 다 뽑아버리는 것으로 교란작전을 펼쳤다. 이 사건을 계기로 리알토가 항구적인 피난처로 확정되었고 베네치아의 수도가 된다. 여러 명의 행정관으로는 효율적인 관리가 어렵고 단독 지휘관이 나와야 한다. 그게 도제Doge로 697년 최초로 도제를 선출했다는 기록이 남아 있다. 보통은 베네치아 공화국의 존속 기간을 697년부터 1797년까지로 보는데 숫자가 아니라 사건으로 말하자면 최초의 도제 선출에서 1797년 나폴레옹 군대의 베네치아 점령까지를 뜻한다.

라틴어 둑스dux에서 유래한 도제는 우리말로 통령, 지도자라는 뜻이다. 왕이 없는 공화국의 수장으로 사법, 입법, 행정부 관료들의 우두머리이자 베네치아를 대표하는 자리다. 임기는 종신이다. 죽을 때까지 못 물러난다. 마냥 꿀 직책이냐고? 전혀 아니다. 일단 간섭이 너무 많다. 6명의 보좌관을 두고 있었는데 그들의 동의가 없으면 그 어떤 것도 단독으로 결정할 수 없었다. 이들의 역할은 보좌보다 감시에 가까웠다. 생활도 불편했다. 여행도 마음대로 다니지 못했고 본인은 물론 자식들까지 베네치아인과만 결혼할 수 있었다.

세상을 떠나는 것으로 도제에서 물러나면 살아생전의 업무에 대한 평가가 시작된다. 사소한 불법이라도 드러나면 그 즉시 유산에서 차감이었다. 그럼 대체 누가 도제직을 맡으려 하겠느냐 궁금할 것이다. 일단 도제로 선출되었을 경우 거부하면 처벌을 받는다. 그리고 수많은 제약에도 불구하고 도제직을 탐내는 사람들도 있었다. 명예를 세상에서 제일로 치는 사람들이다. 도제직을 맡았다가 이를 세습으로 바꾸려던 사람들도 있었지만 정치권력에 관한 한 로마인들의 공화국Les Publica(누구의 것도 아닌) 전통을 충실하게 물려받은 베네치아인들은 이를 용납하지 않았다. 도제의 선출 과정은 복잡하다. 1268년의 기록을 보면 거의 난해한 수준이다. 먼저 20세 이상 귀족들이 의무적으로 가입하게 되어 있는 대평의회에서 30명을 추린다. 선출방식은 뽑기다. 금색 공 30개와 은색 공을 섞어놓고 금색 공을 뽑은 사람이 선출된다. 이중 다시 9명을 뽑는다. 방식은 같다. 이 9명이 40명을 선출한다. 후보가 줄어들다가 다시 늘어나는 기현상이 발생한다. 40명 중 뽑기로 12명을 선출한다. 이 12명이 25명을 뽑는다. 25명 중 뽑기로 9명을 추린다. 이 9명이 다시 45명을 선출한다. 뽑기로 여기서 또 11명을 추린다. 이들은 다시 41명을 선출한다. 이 41명이 최종 선발권자가 되고 여기서 25표 이상을 얻으면 도제가 된다. 방식이 이토록 복잡한 이유는 하나다. 뇌물이 작동할 수 있은 여지를 원천 봉쇄하고 연줄이 닿을 수 있는 가능성을 차단하는 것이다. 이 방식대로라면 대평의회 전원을 구워삶지 않는 한 절대 도제가 될 수 없다. 도제로 선출된 사람 역시 이런 복잡한 과정을 거친 작업인지라 차마 거부할 수 없었을 것이다. 신임 도제는 산마르코 대성당에서 베네치아 시민들에게 첫인사를 한다. 그런 다음 베네치아 국영 조선소가 있는 아르세날레에서 배를 타고 산마르코 성당으로 이동한 후 시민들에게 동전을 던진다. 이어 도제궁인 팔라쪼 두칼레에서 의무를 다할 것을 맹세하는 것으로 신임 도제의 취임식이 시작된다. 대평의회 의원 중에서 가장 어린 사람이 '카마우로'라는 속 모자를 씌워주고 가장 나이가 많이 사람이 그 위에 '코르노'라고 불리는 화려한 장식의 모자를 덧씌운다. 우리나라 임금들이 업무 볼 때 쓰던 익선관과 비슷하게 생긴 모자로 뿔 모양이다. 마지막으로 비단으로 짠 긴 망토를 둘러주는 것으로 도제의 공식적인 취임식은 끝난다.

미로와 같은 도제의 선출이었지만 제도는 반드시 허점을 드러내고 이를 이용하려는 사람들은 기필코 나오기 마련이다. 1310년 일어난 바야몬테 티에플로 사건이 그 중 하나다. 티에플로 가문에서는 이미 도제가 여럿 나왔고 이것이 문제가 되어 바야몬테의 아버지인 자코보는 도제에 선출되고도 취임을 할 수 없었다. 이에 불만을 품은 아들이 반란군을 조직하여 쿠데타를 준비하지만 내부에서 배신자가 나오면서 계획은 수포로 돌아간다. 이 일로 베네치아 정부는 10인 위원회를 창설했고 막강한 사정査定 기능을 부여한다. 10명의 위원은 임기 1년 동안 다른 사람들과 일체의 개인적인 접촉을 할 수 없었고 파티 같은 건 꿈도 못 꾸었다(거의 수도승에 가까운 생활). 베네치아 귀족들과 공직자들이 초긴장 상태가 되었음은 물론이다. 10인 위원회의 정보력은 엄청났다. 1354년 도제였던 마리노 팔리에로는 세습 군주제를 꿈꾸며 비밀리에 동조자들을 끌어 모았지만 10인 위원회의 레이더망을 피해갈 수는 없었다. 마리노 팔리에로는 자신이 취임식을 했던 그 자리에서 목이 잘렸고 수치스러운 이름의 상징으로 남게 된다. 대평의회 벽면에 그려진 역대 도제들의 초상화 중 그의 얼굴에만 시커먼 칠이 되어 있다. 로마에서 탄핵당한 황제의 이름을 건축물에서 지우는 것과 비슷한데 이름 아래에는 이렇게 적혀 있다. "마리노 팔리에로, 범죄로 참수되었다."

이제 본격적인 베네치아의 역사로 들어가 보자. 크게 보면 9세기에 산마르코의 유해가 베네치아로 옮겨온 사건, 12세기에 교황과 황제의 싸움을 중재한 사건, 4차 십자군을 통한 영향력 확장 사건, 숙적 제노바와의 오랜 분쟁을 끝낸 키오자 전투, 프랑스의 침공으로 시작된 이탈리아 전쟁 그리고 오스만 제국과의 전쟁에서 키프로스 섬의 상실과 레판토 해전 승리 정도가 베네치아의 굵직한 역사가 되겠다. 이중 산마르코 유해 이전은 베네치아의 부상을 나타내는 상징적인 사건이다. 828년 부오노와 루스티코라는 두 명의 베네치아 상인이 이집트의 알렉산드리아 항구에 도착하면서 이야기는 시작된다. 이 시기 알렉산드리아는 이슬람 우마이아 왕조의 지배하에 있었고 크리스트교 교인들에 대한 신경질적인 핍박이 일상이었다. 두 사람이 물건을 배달하기로 했던 산마르코 성당(베네치아에 있는 성당과 같은 이름의 알렉산드리아 소재 성당)을 방문했을 때 사제인 테오도로스는 파랗게 질려 있었다. 이교도들이 툭하면 미쳐 날뛰며 성당을 파괴하고 약탈하는데 이번 목표는 자기네라는 소문이 돌고 있었던 것이다. 게다가 산마르코 성당은 보통 성당이 아니었다. 예수의 제자였던 마르코(크리스트교 성경의 마가)의 유해가 모셔진 성당으로 그 지명도가 다른 성당과는 차원이 달랐다. 두 상인은 조심스럽게 운을 뗐다. 자기네가 마르코의 유해를 베네치아로 옮겨가면 어떻겠냐는 제안이었다. 테오도로스는 고개를 저었다. 마르코의 유해는 성당의 상징인 동시에 그 때문에 성당을 찾는 사람들로 인해 발생하는 이익이 쏠쏠했기 때문이다. 그러나 사제는 장사꾼이 아니었고 그래도 신앙이 투철한 사람이었다. 한참 고민 끝에 테오도로스는 유해를 내주기로 결심한다. 문제는 이를 베네치아로 옮기는 것이었다. 사방에 이교도 약탈자들이 눈을 부라리는 가운데 유해를 항구까지 모셔가는 것은 보통 일이 아니었다. 부오노와 루스티코는 기발한 아이디어를 낸다. 다소 불경스럽기는 하지만 마르코의 유해 위에 돼지고기를 잔뜩 얹어 식료품으로 위장하는 것이었다. 과연 돼지라면 경기를 일으키는 이슬람교도답게 화물을 검사하던 관리들은 코를 싸매고 마르코의 유해가 담긴 궤짝을 통과시켰다. 이렇게 해서 마르코의 유해는 베네치아로 오게 된다(실제 일어났던 역사적인 사건인지는 아직까지 논란 중). 이 쾌거로 베네치아의 위상은 몇 단계나 훌쩍 올라선다. 도시마다 수호성인이란 게 있다. 가령 피렌체의 경우는 세례요한이 수호성인인데 이들은 수호성인이 자신들을 지켜줄 것으로 믿는다. 중요한 것은 그 수호성인의 레벨에 따라 도시도 이름값도 달라진다는 사실이다. 이전까지 베네치아의 수호성인은 그리스 출신의 테오도르였다. 악마에 사로잡힌 악어를 창으로 죽인 사람인데 마르코의 유해가 도착하면서 수호성인 자리에서 밀려난다.

　유해만 모셔왔다고 끝이 아니다. 신화와 전설이 붙어야 그때부터 본격적인 영광이다. 가장 먼저 해야 할 일은 왜 마르코의 유해가 베네치아에 있어야 하는가에 대한 정당성 확보였다. 베네치아는 알렉산드리아에서 복음을 전파하다가 체포된 마르코에게 예수가 나타나 "나의 복음서의 제자 마르코야, 너에게 평화가 있기를"하며 위로했다는 전설을 살짝 바꿨다. "너의 육신이 베네치아에서 쉴 것이다"라는 화끈한 변조로 마르코의 베네치아 귀속은 완성된다. 마르코에는 부속물이 하나 더 있다. 바로 사자다. 4세기 후반 그리스어 성서를 라틴어로 번역한 히에로니무스는 성경 에스겔서 1장 5절부터 10절까지 등장하는 사자, 소, 독수리, 사람의 네 생명체를 4복음서의 저자들과 연결시켰다. 마태오는 신이 사람의 형상을 선택해 예수가 된 것을 기록하였다 하여 사람이 배정되었다. 루카는 황소인데 희생을 주제로 한 복음이라 연결이 되었고 요한의 복음은 높고 고결하다는 이유로 독수리가 되었다. 마지막으로 마르코는 복음서에서 세례 요한의 모습을 묘사했는데 그가 광야에서 부르짖는 것이 흡사 사자와 같다고 표현한 것을 이유로 사자가 배당되었다. 그런데 이 사자의 모양이 참 독특하다. 몸체는 사자인데 날개가 달린 이상한 사자다. 이 날개 달린 사자는 페르시아와 이집트에서 믿었던 상상의 동물 그리핀이 그 기원이다. 그리핀은 날짐승의 왕인 독수리의 머리와 들짐승의 왕인 사자의 몸을 가진 동물인데 마르코가 상징하는 것이 사자이기 때문에 이 독수리 머리를 지우고 거기에 사자 머리를 가져다 붙인 것이다.

이후 마르코와 사자는 쌍으로 같이 다니게 된다. 재미있는 것은 시간이 지나면서 부속물이 본체를 압도하게 되었다는 사실이다. 13세기 후반에 들어서면서 사자는 마르코보다 더 전면에 나서게 되는데 이는 베네치아의 위상 변화와 팽창을 상징적으로 보여준다. 예수의 제자 마르코는 영토 확장과는 어울리는 않는다. 해서 마르코 대신 사자가 베네치아를 상징하는 아이콘으로 등극하게 된 것이다.

사자의 모습은 조금씩 달라진다. 처음에는 주로 물에서 솟구쳐 올라오는 이미지였는데 얼마 후에는 네 발로 씩씩하게 걷기 시작했으며 나중에는 아예 칼까지 들고 있다. 15세기를 지나면서 사자는 베네치아와 같은 말이 된다. 베네치아가 정복하는 땅마다 사자 동상을 세웠기 때문이다. 유럽인들은 이 사자를 약간의 질시와 두려움과 부러움으로 바라봤다. 당연히 질시하는 사람들에게 사자상은 깨고 부숴야하는 상징이었다. 1420년 베네치아의 육상 영토였던 벨루노를 점령한 독일 군대(신성로마제국)는 사자상부터 파괴했다. 1509년 대對 베네치아 동맹인 신성동맹(교황청과 프랑스, 에스파냐 연합)이 아냐델로 전투에서 베네치아를 격파했을 때 그 즉시 사자상부터 부숴버렸다. 1797년 베네치아를 무너뜨린 나폴레옹이 가장 먼저 한 일도 곳곳에 세워진 사자상을 철거하는 일이었다. 사자의 모습은 계속 변화한다. 교황청과 프랑스, 에스파냐 연합인 캉브레동맹(여러차례 결성된 신성동맹의 명칭 중 하나)과의 군사적 대결에서 패배하고 동지중해에서도 오스만 제국에게 하나 둘 영토를 내주기 시작한 베네치아는 이제 팽창과 충돌 대신 공존(이라고 쓰고 굴욕이라 읽는다)을 모색하는 처지가 되었다. 사자의 모습은 더 이상 기세등등한 포효가 아니었다. 조금씩 표정이 부드러워졌고 호전적인 이미지도 삭제되었다.

16세기 후반 베네치아의 사자는 날개를 떼어버린 모습으로 등장한다. 그리고 여기서 더 기세가 꺾이자 베네치아는 사자 자체를 폐기하고 새로운 이미지를 자신들의 상징으로 삼는다. 성모 마리아, 비너스, 로마의 여신, 정의의 여신이라는 4명으로 도시를 상징하게 된 것이다. 베네치아의 운이 다하면서 사자 역시 영화榮華의 뒤안길로 사라진다.

사자의 변신 이야기는 베네치아의 역사의 축소판이다. 본격적으로 베네치아 이야기를 해 보자. 일단 명칭인데 일부에서는 '천년 해상제국'이라는 호칭이 과대평가라고 이야기한다. 4차 십자군 당시 베네치아의 영토는 비잔틴 제국의 영토 8분의 3과 발칸 반도 서쪽 부분, 크레타, 키프로스 등 에게 해의 주요한 몇 개 섬과 아드리아노플에서 갈리폴리 사이의 일부였다. 제국 하면 떠오르는 로마나 몽골처럼 광대한 지역을 지배

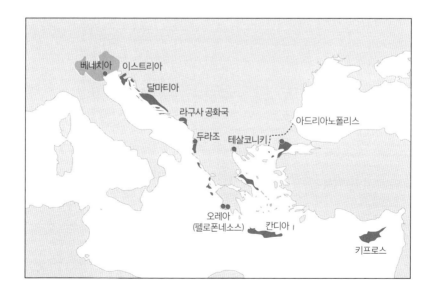

한 것이 아닌 까닭에 베네치아가 제국이면 세상에 제국 아닌 나라가 없다는 주장이다. 반면 제국을 주장하는 사람들은 제국 앞에 붙은 '해양'에 주목하며 베네치아가 쓸데없이 넓고 불필요한 영토 대신 교역에 필요한 핵심 요지만 차지했다며 그 효율성을 꼽는다. 지도 한 장 보자.

분홍색은 베네치아의 육상 영토 그리고 주황색은 해양 영토다. 해양 영토는 역사 속의 제국들처럼 명성이 아닌 실리를 쫓아 베네치아 상선이 다니는 해양 경로에 집중했다. 모두가 바닷가요 내륙으로는 거의 들어가지 않았다. 충분히 타당한 이야기다. 하드리아누스 황제는 영토를 더 이상 넓히지 말 것을 유언으로 남길 만큼 제국에서 영토는 심각하게 고민해야 하는 사안이다. 로마 제국의 전성기인 공화정 말기에 유럽과 아시아, 아프리카에 주둔하는 60여 개(나중에 아우구스투스가 20개로 정비한다) 군단이 소비한 식량만 한 달에 250톤이었다. 적어 보이는가. 1년이면 3,000톤인데 이걸 주둔지로 보내는 비용까지 치면 답이 안 나온다. 비용을 상쇄할 만큼 소득이 있으면 다행이지만 대부분 그저 군단의 유지 비용이었으니 제국은 자칫하면 그 존재 자체로 비용이 발생하는 대단히 비효율적인 체제인 것이다. 그런 측면에서 베네치아의 영토는 고효율 저비용의 모범답안이었다. 그래서 베네치아는 '해상 제국'이란 설명이다. 이를테면 선의 제국(로마)과는 다른, 점의 제국이라는 얘기다. 둘 다 타당성이 있다. 그러나 이보다 눈여겨보아야 하는 것은 베네치아가 과연 제국으로서의 역사적 경험을 가지고 있었는가 그리고 베네치아 사람들이 스스로를 제국으로 인식하고 있었는가 하는 점이다. 가령 그리스의 아테네는 페르시아 전쟁 이후 스스로를 제국으로 인식했다. 로마는 페니키아와의 포에니 전쟁 이후 제국 마인드를 가지기 시작했다(지도층뿐만 아니라 일반 시민들까지 자신의 조국을 그렇게 이해하기 시작). 베네치아는 십자군 전쟁 당시 비잔티움 영토의 8분의 3을 획득한 이후부터 제국에 대해 눈을 뜨기 시작했다. 비잔티움 영토의 확보는 전혀 예상치 못했던 결과였다. 13세기 이후부터 베네치아는 해외 식민지에 흥미를 느꼈고 이를 확장하는 데 집중하기 시작한다. 그 첫 번째 목표가 크레타 섬이었다. 특이한 건 베네치아가 크레타 섬은 무력으로 점령한 게 아니라 돈을 주고 매입했다는 사실이다. 당시 크레타 섬은 몬테라토의 후작인 보니파초의 소유로 그는 크레타 섬을 비잔티움 황제로부터 하사받았다. 매입으로 끝이 아니다. 크레타 섬은 그리스 정교를 믿었고 이는 로만 가톨릭에 대한 반발을 의미했다. 수차례에 걸쳐 반란이 일어났고 베네치아는 그리스 출신의 토착 귀족들을 회유하고 포섭하는 방식으로 섬의 접수를 완료한다. 이때부터 오스만 제국에게 크레타 섬을 빼앗기는 17세기 후반까지 베네치아는 500년 동안 크레타를 실효 지배한다.

베네치아는 아무 땅이나 욕심내지 않았다. 오스만 제국의 팽창으로 위협을 느낀 발칸 반도의 소규모 도시 국가들이 자발적으로 복속을 요청했을 때도 베네치아는 골라가며 이를 받아들였다. 아드리아 해 동부의 도시 국가 카타로는 인수 제안을 묵살당한 대표적인 경우다. 내륙으로 너무 깊이 들어가 있어 경제적 이익보다는 방어 비용이 더 많이 들어간다고 판단했던 것이다. 반대로 테살로니키 경우 그 즉시 복속을 수락했다. 테살로니키에서 생산되는 곡물은 충분히 매력적이었기 때문이다. 15세기 무렵 베네치아가 확보한 영토는 사실상 특산물의 대명사나 다름없는 곳들이었다. 에우보이아 섬의 밀과 포도주, 펠로폰네소스 반도의 과일, 건포도, 소금, 면화 그리고 아드리아 해 동부 지역의 가죽, 목재,

건설용 석재 등이 대표적이다. 베네치아는 이 해양 영토에서 나오는 농산물과 산업 원료를 통제하고 관리했다. 15세기 말 키프로스 섬을 장악한 베네치아는 면화 재배를 특화시켰고 생산량을 이전보다 3배나 늘렸다. 제국은 정복하고 팽창하며 관리한다. 이런 측면에서 베네치아는 분명 제국의 성격을 띠고 있었으며 그 사실을 스스로 인지하고 있었다는 추론이 가능해진다. 제국은 이익을 위해 기꺼이 충돌을 감수한다. 또 다른 해양 세력이었던 제노바와의 전쟁이 그것이다. 베네치아와 제노바가 125년에 걸쳐 4차례에 걸쳐 벌인 해전은 1천 5백 년 전 지중해 패권을 놓고 로마와 카르타고가 120여 년에 걸쳐 3차례의 혈전을 벌인 것과 판박이다. 다른 점이 있다며 로마가 카르타고를 완전히 지도에서 지워버렸다면 베네치아와 제노바의 전쟁은 확실한 승자를 가리지 못했다는 것이다. 베네치아가 사실상 제국이었는지 아니면 후대인들의 과대평가인지는 대충 답이 나오지 않았나 싶다.

1423년에서 1718년까지 베네치아가 오스만 제국과 치른 여덟 차례의 전쟁은 뼈아픈 실지失地의 기록이다(베네치아 3승 5패). 1423년 오스만 제국의 위협으로 베네치아에 복속을 요청해왔던 테살로니카는 7년 후인 1430년 오스만 제국의 수중에 들어갔다(비잔틴 제국과 바통 터치로 참전). 1479년에 끝난 전쟁에서는 에우보이아, 아르고스, 스쿠타리를 넘겨주었다. 1540년에 끝난 전쟁에서는 코로니, 메토니, 두라초를 잃었다. 15세기 중반 이후 해양제국으로서의 베네치아는 사실상 몰락했다. 해양에서 잃은 것을 베네치아는 육상에서 보충하려고 했다. 그것을 가로막은 것이 신성로마제국이다. 1400년경부터 베네치아는 북부 이탈리아와 아드리아 해 북쪽을 노렸으나 헝가리 왕이자 신성로마제국의 황제였던 지기스문트는 이를 두고 보지 않았다. 지기스문트는 베네치아와 제노바의 분쟁에서 이미 제노바의 손을 들어준 바 있었으니 사이는 별로였다. 1412년 베네치아와 신성로마제국의 충돌에서 승리한 것은 베네치아였다. 1413년 양측은 5년간의 휴전협상을 체결했으나 말 그대로 시한부 평화였다. 협상이 끝나는 해인 1418년 베네치아와 신성로마제국은 다시 충돌한다. 베네치아는 오스만 제국과 해상 분쟁 중이었지만(갈리폴리 해전) 전력 분산이라는 최악의 상황에서도 몇몇 지역을 손에 넣었다. 1426년부터 1482년까지 베네치아는 브렌시아, 베르가모, 라벤나, 크레마, 로비고 등을 연달아 접수했다. 제동이 걸린 것은 1494년부터 벌어진 이탈리아 전쟁이었다. 이 전쟁은 1530년까지 이어졌는데 1509년 프랑스, 신성로마제국, 교황, 에스파냐가 맺은 캉브레 동맹에게 아냐델로 전투에서 패배하는 것으로 베네치아는 15세기 초부터 열심히 모아 온 육상 영토 대부분을 상실한다. 프랑스는 롬바르디아를 가져갔고 교황은 교황령이었던 도시들을 대부분 되찾았으며 에스파냐는 빼앗겼던 항구도시들을 다시 자신의 지배로 돌렸다. 그러나 국제 정치에서는 영원한 적도, 영원한 적도 없는 법이다. 16세기 들어 북부 이탈리아를 차지하기 위한 세력들은 동맹을 수시로 바꿔가며 혈전을 벌였고 아냐델로 전투에서 베네치아에 치명상을 입혔던 프랑스가 베네치아와 동맹을 맺으면서 베네치아는 이전에 잃어버린 영토를 다시 되찾는다. 베네치아는 이 육상 영토를 나폴레옹에게 무릎을 꿇은 1797년까지 유지했다. 이 복잡한 전개과정을 다 이해할 필요는 전혀 없다. 중요한 것은 베네치아가 제국으로서 스스로 각성을 했으며 그 각성을 행동에 옮겼고 탁월한 성과를 올렸다는 사실이다. 그리고 그 과정에서 비잔틴 제국, 오스만 제국, 신성로마 제국 같은 초대형 적수들과 경합을 펼쳤다는 것은 분명 경이로움이다. 인구 10만의 작은 도시 국가가 이러한 역사를 써 나간 것은 분명 기적에 가깝다. 좀 과하게 표현하자면 베네치아의 부상과 그 과정은 16세기 바다의 제왕 포르투갈이나 근대 해상 제국 영국의 원형이었다.

르네상스하면 떠오르는 것이 피렌체다. 당장 레오나르도 다빈치, 미켈란젤로, 라파엘로 3대 거장이 전부 피렌체에 모여 있었다. 여기에 건축의 브루넬레스키와 기베르티까지 더하면 사실상 르네상스와 거의 같은 말이다. 그러나 현재는 물론이고 당대의 사람들도 피렌체만큼이나 베네치아의 문화에 대해 찬사를 아끼지 않았다. 그것은 베네치아가 서유럽 일색이 아닌 비잔티움과 이슬람 제국의 색채까지 띠고 있는 글로벌 문화였기 때문이다. 동방과의 오랜 교류로 하이브리드 문화가 탄생하고 발전했던 베네치아에는 심지어 아시아 세계와의 교류 흔적까지 스며들어 있었다. 15세기의 베네치아는 거의 인종 전시장이었다. 다양한 곳에서 온 유럽 사람들은 물론이고 그리스인들, 유대인들, 북아프리카 흑인들, 아시아에서 온 몽골 사람들까지 쉽게 만날 수 있었다. 교역만 했겠는가. 기술과 정보가 모이고 문화와 예술이 들어온다. 다양성이 꽃피는 것은 당연한 일이다. 이 중 베네치아의 문화에 가장 큰 영향을 미친 것은 비잔티움 제국이다. 베네치아는 도시의 발생과 동시에 비잔티움과 교류를 시작했고 그것은 문화의 대량 유입을 의미했다. 산마르코 성당은 그 영향을 가장 잘 보여준다. 성당의 내부와 외형이 북유럽 스타일과는 완전히 다른데 일단 고딕 성당의 가장 큰 특징인 프레스코화(회 반죽 벽에 그리는 벽화기법)와 스테인드글라스를 찾아볼 수 없다. 대신 화려한 모자이크가 내부를 장식하고 있다. 아시다시피 모자이크는 전형적인 이슬람 방식이다. 산마르코 성당은 콘스탄티노플의 성 사도 성당을 그대로 따라 지어진 것이기 때문이다. 성당뿐만이 아니라 부유한 베네치아 상인들의 저택은 대부분 유럽의 고딕 양식과 이슬람 양식의 혼합으로 지붕 위의 용마루 장식과 좌우 비대칭의 외관은 대표적인 이슬람 건축 양식이다. 15세기 후반은 오스만 제국과의 교류가 가장 활성화된 시기였다. 15세기 후반이면 오스만과의 전쟁 개시 때 아니냐고? 맞다. 보통 전쟁을 하면 서로 죽이기 위해 거기에만 집중할 것 같지만 그 기간 동안 자연스럽게 교류가 발생한다. 십자군 전쟁 당시 유럽과 아랍이 서로 배우고 문물을 주고받은 것을 생각하면 이해가 쉬울 것이다. 그리고 전쟁이 끝나면 교류는 더욱 활발해진다. 베네치아와 오스만 제국이 그랬다.

1463년 시작해 1479년 끝난 1차 베네치아-오스만 전쟁의 승자는 오스만 제국이었다. 베네치아는 4차 십자군 때 얻은 영토들을 대부분 상실했고 평화조약을 맺으면서 전쟁 복구비용을 물었으며 오스만 제국 내에서의 상업 활동을 위해 매년 일정 금액 지출을 감수해야 했다. 그러나 그럼에도 베네치아는 지속적인 이익이 발생하는 오스만 제국과의 상업을 포기할 수 없었다. 물론 그 점은 오스만 제국도 마찬가지였지만. 전쟁이 끝난 1479년 베네치아 정부는 오스만 제국과의 우호증진을 위해 작은 선물을 마련한다. 술탄 메흐메트 2세의 초상화를 그려줄 베네치아 최고의 화가인 젠틸레 벨리니를 파견한 것이다. 벨리니 집안은 베네치아 미술사를 이야기 할 때 빠지지 않는 명문가로 젠틸레 벨리니의 아버지인 자코포 벨리니는 당대의 대가였고 동생인 조반니 벨리니는 빛과 색을 중시한 베네치아 화파의 창시자로 불린다. 이스탄불에 건너간 젠틸레 벨리니는 대형 벽화에서 보여주었던 뻬어난 실력으로 메흐메트 2세를 매료시킨다. 인터넷에서 검색을 해보면 가장 많이 등장하는 메흐메트 2세의 초상화가 바로 젠틸레 벨리니가 그린 것이다. 젠틸레 벨리니는 술탄의 초상화 외에도 메흐메트 2세의 요청에 따라 그의 침실에 걸어 둘 에로틱한 그림도 많이 그렸다. 메흐메트 2세의 아들인 바예지드 2세가 아버지의 사후 그 그림들을 모조리 없애버리지 않았더라면 후세들에게 꽤 즐거운 눈요기가 되었을 것이다. 술탄의 총애를 받던 젠틸레 벨리니는 호의에도 불구하고 일찌감치 베네치아로 귀환했는데 그 이유가 다소 끔찍하다. 어느 날 젠틸레 벨리니는 참수된 세례 요한의 목을 그린 그림을 술탄에게 보여주었는데 메흐메트 2세는 목이 잘린 머리의 혈관은 그림과 다르다며 그 자리에서 노예의 목을 베어 이를 비교했다. 기겁을 한 젠틸레 벨리니는 그 즉시 짐을 쌌다고 한다. 정사에는 나오지 않고 구전으로 전해오는 이야기인데 이교도 군주에 대한 악의적인 흠집 내기가 아닌가 싶다.

15세기 베네치아는 정보의 도시이자 인쇄 산업의 중심 도시였다. 베네치아에서는 매주 아비소라는 소식지가 발행되었고 주변 도시들은 이 소식지를 통해 세상 흐름을 읽었다. 정보는 사방으로 뻗은 그들의 상업 유통망과 지역에 파견한 대사들 그리고 각지에 심어놓은 스파이들을 통해 얻어진 것으로 지중해를 안방처럼 누비고 다니던 베네치아만이 가능한 것이었다. 각지에 파견된 대사들은 외교 업무 외에도 정보를 수집해

정기적으로 본국으로 보냈는데 이 때문에 오스만 제국에서는 한때 이들을 스파이 혐의로 추방하기도 했다. 이들의 정보 수집이 동시에 첩보 활동이었다는 것은 정보 문건에 비밀암호가 사용되었다는 사실로 쉽게 알 수 있다. 오스만 군대는 '카라반', 대포는 '거울' 등으로 바꾸어 썼다. 베네치아가 수집한 정보 중 가장 중요한 것은 지리 정보였다. 특히 해로海路는 무역 활동의 핵심이었으니 지리 정보는 그 자체로 돈이었다. 특히 포르투갈은 해상 제도 제작을 자주 요청한 단골이었고 베네치아는 한동안 지도를 신나게 팔아먹었는데 이는 나중에 끔찍한 결과로 되돌아온다. 베네치아를 통해 얻은 정보로 포르투갈이 인도 항해에 성공한 것이다. 정보는 그것이 문서에 담겨야 그때부터 효율성이 높아진다. 인쇄술의 발달은 당연한 결과였고 특히 독일 인쇄업자들이 사업 환경이 좋은 베네치아로 몰려오면서 베네치아는 인쇄와 출판의 메카로 급부상한다. 출판된 서적들은 베네치아의 유통망을 통해 각지로 팔려나갔다. 정보 외에 베네치아를 출판의 도시로 만든 것은 멸망한 비잔티움에서 몰려온 그리스인들과 에스파냐에서 쫓겨 온 유대인들이 제공한 대량의 '지식'이었다. 오스만 제국을 통해 들어온 아랍어 책들의 출판도 빠뜨릴 수 없겠다. 베네치아는 1547년 이탈리아어로 번역된 쿠란을 출간하기도 했다. 15세기 중반에서 말까지 베네치아에는 153명의 인쇄업자가 있었다. 이들은 4천 5백 여 종의 책을 출간했는데 한 책 당 300권씩만 잡아도 135만 권이라는 어마어마한 결과가 나온다. 이 수치는 유럽 전체의 15%, 이탈리아로만 치면 45%에 해당하는 분량이었다. 책이 많이 출간되었으니 당연히 베스트셀러도 있다. 알도 마누치오라는 사람이 인쇄한 페트라르카의 작품은 무려 10만 부를 판매했다는 기록이 남아있다.

출판 메카 베네치아는 16세기 가톨릭의 사상 검증과 금서목록이 늘어나면서 직격탄을 맞았고 유럽이 지중해 시대를 마감하고 대서양 시대를 열면서 그 자리를 앤트워프(현재 벨기에 지역으로 당시에는 플랑드르라 불림)가 차지하면서 쇠락하기 시작한다. 물론 베네치아 자체를 하강 국면으로 끌어내린 이유는 따로 있었다. 자신들이 제공한 정보로 인도 항해를 마친 포르투갈이다.

포르투갈 마누엘 1세의 명을 받은 바스쿠 다 가마의 선단이 인도의 캘리컷 항구에 도착한 것이 1498년 5월 20일이다. 유럽에서 이 소식을 가장 먼저 접한 것은 당연히 베네치아였다. 베네치아의 귀족들은 경악했다. 포르투갈이 인도로 가는 바닷길을 열었다는 것의 진짜 의미인, 동방과의 향신료 무역으로 막대한 이익을 챙기던 자신들의 호시절이 끝났다는 사실을 깨달은 것이다. 그들은 바스쿠 다 가마의 인도 항로 개척이 사실이 아니기를 기도했지만 거기에 일조를 한 것이 바로 자기들이었기에 더욱 속이 상했다. 1436년 안드레이 비안코라는 베네치아 인쇄업자는 포르투갈 왕실의 요청으로 해도를 제작해 납품했다. 1450년 수도사였던 마우로는 역시 포르투갈 왕실의 의뢰를 받고 유럽 최고의 세계 지도를 만들었다. 물론 인도 항로 개척이 바스쿠 다 가마의 뛰어난 항해술과 바스쿠 다 가마와 동행했던 희망봉 발견자 바르톨로뮤 디아스의 협업의 결과이긴 했으나 이를 지원한 마누엘 1세가 없었더라면 쉽게 도전할 수 있는 프로젝트가 아니었다. 그리고 마누엘 1세에게 확신을 불어넣은 것은 베네치아에서 제작한 해도와 세계 지도였다.

그즈음 베네치아의 향신료 무역은 오스만 제국과의 2차 전쟁

(1499~1503)으로 주춤한 상태였다. 그런데 엎친 데 덮친 격으로 여기에 포르투갈이라는 새로운 경쟁자가 나타난 셈이다. 오스만 제국과의 전쟁은 이전에도 그랬지만 단기 실적 저하로 끝났다. 그러나 포르투갈의 항로 개척 성공은 베네치아를 장기적으로 침체에 몰아넣었다. 물론 바스쿠 다 가마의 항로 개척이 바로 포르투갈의 급부상으로 이어진 것은 아니다. 당시 캘리컷의 통치자 사마린의 눈에 바스쿠 다 가마가 가져온 물건은 조악하기 짝이 없는 것이었다. 이미 캘리컷은 훨씬 세련된 문명을 구가하고 있던 이슬람권과 무역으로 눈이 높아질 대로 높아진 상태였기 때문이다. 포르투갈의 무역 요청은 다소 모욕적으로 반려되었으며 바스쿠 다 가마는 약간의 향신료만 겨우 얻은 채 귀국길에 올라야 했다. 그러나 1501년에 캘리컷을 출발한 두 번째 인도 선단은 꽤 성과를 냈다. 20만 파운드의 후추와 10만 파운드에 달하는 기타 향신료를 싣고 온 것이었다. 평균적인 베네치아 향신료 무역량에는 한참 못 미치는 양이었지만 문제는 베네치아가 오스만 제국과 전쟁 중이었다는 사실이다. 동방에서 베네치아로 오는 물량은 급감한 상태였고 덕분에 포르투갈은 아주 적은 양으로 유럽 향신료 시장에 안착한다. 급해진 베네치아는 1502년 15인으로 구성된 향신료 특별위원회를 발족한다. 말이 특별위원회지 사실상 포르투갈 향신료 시장 진출 방해 공작단이었다. 특별위원회는 일단 이집트의 맘루크 술탄에게 특사를 보내 인도양을 지나다니는 포르투갈 선박에 제재조치를 취해줄 것과 베네치아 상품의 관세를 인하해 가격 경쟁력을 가질 수 있도록 요청한다. 불행히도 맘루크 제국은 인도양에서 충분한 해상 장악력을 가지고 있지 못했다. 그래도 명색이 제국이다. 맘루크 술탄은 포르투갈이 계속 인도양을 멋대로 지나

다닌다면 예수살렘을 파괴할 것이라고 협박했다. 포르투갈에서는 성지가 파괴되면 십자군을 조직하겠다고 맞대응했다. 말이 거칠게 오갔으니 이제 전쟁을 할 차례다. 1507년 인도의 디우항 근처에서 포르투갈 함대는 맘루크 함대를 무자비하게 격파한다. 이어 포르투갈은 1515년 호르무즈를 점령하면서 유럽으로 가는 향신료 공급에서 독점적인 지위를 확보한다. 불똥은 다시 베네치아로 튄다. 향신료 시장에서 주요한 거점을 내준 맘루크 제국이 베네치아에게 관세를 내리기는커녕 더 비싼 가격을 제시했던 것이다. 물량 적어져, 수입가 올라가, 정말 베네치아로서는 죽을 맛이었다. 이 일로 베네치아는 향신료 선단을 아예 파견하지 못하는 수준에까지 이르게 된다. 1514년 베네치아 정부는 갤리선단에만 허용했던 향신료 수송권한을 일반 선박으로 확대한다. 쉽게 말하자면 허가제에서 신고제로 바뀐 것이다. 그러나 그런 미봉책으로 해결될 위기가 아니었다. 1521년 베네치아 정부는 향신료 구입을 위해 포르투갈의 리스본으로 갤리선을 파견하는 수모를 겪는다. 그러나 이대로 주저앉는다면 저력의 베네치아가 아니다.

1560년대 베네치아 향신료 무역은 화려하게 부활한다. 오스만 제국과의 3차 전쟁이 끝나면서(1540년) 지중해를 통해 들어오는 향신료의 양이 급증한 것이다. 1560년 무렵 베네치아가 지중해를 통해 수입한 후추의 양은 130만 파운드에 달했다. 수입처 다각화도 한 몫을 했다. 이제껏 이집트의 알렉산드리아를 통해 들여오던 것을 시리아의 알레포에서도 구입하기 시작한 것이다. 반면 포르투갈은 주춤한 상태였다. 1560년부터 1563년까지 포르투갈은 오스만 제국과 전쟁을 치르고 있었다.

1563년 포르투갈은 오스만 제국과의 평화 협상을 추진한다. 상황에 변화가 생긴다. 이전의 향신료 전쟁이 베네치아와 포르투갈 사이에서 벌어진 것이었다면 이제는 수많은 경쟁자들이 출현했다는 사실이다. 상대적으로 지중해 향신료 무역에 늦게 뛰어들었지만 영국 상인들의 활동은 비약적이었다. 1588년 런던 항으로 들어온 영국 선박은 동지중해에서 8,300파운드의 후추와 13만 파운드에 가까운 다양한 향신료들을 싣고 돌아왔다. 베네치아 독점에서 포르투갈과의 양대 강 구도였던 것이 이제 다자 경쟁으로 바뀐 것이다. 1570년대 이후의 상황은 베네치아보다는 포르투갈에 유리하게 전개된다. 베네치아가 1570년부터 1573년까지 다시 오스만 제국과의 전쟁에 들어갔던 것이다(4차 전쟁). 그렇다고 베네치아와 포르투갈이 내내 적대적이었던 것만은 아니다. 제 3의 경쟁자들, 가령 영국과 네덜란드 같은 세력의 부상을 막기 위해 협력 내지는 공조 체제를 갖추려고 노력한 기록도 있다. 일시적으로 포르투갈은 우위를 다시 차지했지만 영국과 네덜란드의 추격을 영원히 따돌릴 수는 없었다. 16세기 말부터 인도양에 진출한 영국과 네덜란드는 1600년 이후 인도에서 직접 싣고 온 후추를 북유럽 시장에 공급하기 시작했다. 네덜란드 후추는 암스테르담을 통해 주변 시장으로 팔려나갔고 이탈리아 시장까지 넘보는 상황이 되었다. 베네치아와 포르투갈 사이에서 시작된 향신료 무역 전쟁의 최종 승자는 영국과 네덜란드였다. 흥하면 쇠하기 마련인 역사의 법칙에서 베네치아 역시 예외일 수는 없었다.

대체 향신료란 무엇일까.

중세의 부엌에서 향신료는 필수품이었다. 이제껏 알려지기로는 고기의 부패를 막거나 혹은 이미 부패가 살짝 진행된 고기의 역한 냄새를 누르기 위해 향신료를 썼다고 하는데 이건 말도 안 되는 설명이다. 향신료가 고기보다 훨씬 비쌌기 때문이다. 그리고 부패를 막는 데는 이미 소금이 사용되고 있었다. 허브도 역시 같은 용도로 쓰였다. 그리고 중세 들어 갑자기 향신료에 대한 관심이 높아진 것도 아니다. 이미 로마 시대부터 후추가 쓰였으며 대부분의 요리에 필수로 들어갔다. 유럽인들의 향신료 사랑은 18세기까지다. 이후에는 오히려 향신료 범벅의 음식을 싸구려로 취급하는 경향이 생긴다. 향신료는 요리에만 들어간 게 아니다. 식사 후의 후식을 만드는데도 향신료가 들어갔으며 배, 사과, 딸기 등의 과일에 후추, 생강 등이 첨가된 푸딩이 인기였다.

향신료를 한마디로 정의한다면 식물성 원료에서 얻은 강한 향과 맛을 지닌 물질이라 할 수 있겠다. 크게 다섯 그룹으로 나눌 수 있는데 후추과, 생강과, 녹나무과, 육두구 그리고 정향이다. 후추와 생강은 다 아실 것이고 녹나무과 향신료, 육두구, 정향만 간단하게 정리하고 넘어가자. 녹나무과 향신료의 대표 주자는 육계다. 맛은 계피라고 생각하면 된다. 육계와 계피는 살짝 다르기는 하다. 육계는 실론에서 자라는 육계나무의 속껍질에서 얻은 것이고 계피는 미얀마에서 자라는 계피 나무의 껍질을 건조시켜 만든 것인데 육계가 계피보다 순한 맛이다. 육두구는 인도네시아가 원산지로 육두구 나무 열매에서 채취했고 넛맥(Nutmeg)이라고도 불렀으며 사향 냄새가 나는 호두라는 뜻이다. 유럽에서 가장 탐나는 사치품이었고 16세기 들어 흑사병에 특효가 있다는 소문이 돌면서 가뜩이나 비쌌던 몸값이 급등한다. 정향은 정향나무의 꽃봉오리를 말린 향신료다. 이들 중 가격은 후추가 가장 저렴했다. 생강은 품질에 따라 후추의 최대 3배 정도, 육계도 비슷하거나 생강보다 조금 비쌌다. 육두구와 정향은 후추의 5배에서 20배까지였으니 꽤나 고가품이었을 것이다.

중세 유럽인들에게 향신료가 인기를 끈 이유 중 하나는 조금 어이없지만 향신료가 나는 동방에 대한 환상이었다. 가령 후추에 관한 이시도루스라는 사람의 기록을 보면 이렇게 되어 있다. '후추나무는 인도에서 자라는데 카우카스산의 돌 틈에서 흔히 볼 수 있으며 잎은 주피터 나무의 잎과 유사하다. 후추나무가 있는 숲은 뱀들이 지키고 있다. 그 지역의 주민들은 후추가 익으면 불을 질러 뱀을 쫓아내고 그렇게 하면 불에 탄 검은 후추가 만들어진다.' 이 믿어지지 않는 이야기를 중세 사람들은 믿어지지 않게도 진짜라고 믿었다. 심지어 14세기 인도를 여행하면서 후추 수확 과정을 실제로 목격했던 사람이 고국에 돌아와 그게 터무니없는 거짓말이라 말해도 믿지 않았다. 유럽인들은 동아시아 어딘가에 지상낙원이 있다고 믿었다(이는 기독교 왕국과 그곳의 군주인 프레스터 존의 존재에 대한 오래된 믿음과 같은 맥락이다). 그리고 지상낙원으로부터 발원하는 4개의 강인 피손 강, 기혼 강, 유프라테스 강, 티그리스 강에서 향신료가 흘러나오며 낙원의 기운이 향신료에 담겨 있으니 무병과 장수와 치료에도 효과가 있을 것이라고 유추 해석했다. 일종의 향신료 신성화. 유럽인들의 향신료 사랑은 독특한 맛뿐만 아니라 정신적으로도 특별한 의미가 더해진 것이었다.

4.

선박 제국 베네치아와 순례 선단

　4차 십자군이 고민 없이 자신들의 수송을 맡겼을 정도로 베네치아의 선박 제조 능력은 뛰어났다. 선박이란 결국 바다를 다니는 것이다. 당대의 양강兩強이었던 비잔티움과 오스만 제국의 선박들이 자신들의 바다를 크게 벗어나지 않았던 반면 베네치아의 선박들은 그때까지 알려진 세상의 모든 바다를 휘젓고 다녔다. 물론 필요와 능력은 구분해야 한다. 비잔티움이나 오스만 제국은 굳이 무역을 하기 위해 이리저리 발품을 팔아야 할 필요가 없었다. 그들은 그저 무역을 허락하고 오고 가는 물품들을 관리하며 관세나 메기면 그만이었다. 당연히 선박을 과다하게 보유할 필요는 없었고 그 선박조차도 상업용이라기보다는 해상 통제 혹은 위용 과시 및 위협용이었다. 그러나 베네치아는 다르다. 바다로 나가지 않으면 굶어죽는다. 이들에게는 선박이 필수였고 그러다보니 만드는 실력이 늘었고 반복해서 개선이 이루어졌다. 베네치아가 지중해의 중요 해상 세력으로 등장한 것은 대략 10세기 무렵이다. 그리고 그로부터 200년이 흐른 후에는 서유럽 제일의 해상세력이 된다. 13세기 베네치아는 상적商敵 제노바와 함께 지중해 세계를 양분하며 선박 제조에서 혁명에 가까운 발전을 이룬다. 두 도시 국가의 방향은 달랐다. 제노바가 초대형 범선에 집중했다면 베네치아는 갤리선 개량으로 선박을 특화시켜나갔다.

원래 갤리선은 전투용이다. 기동성이 좋아야 하고 그 기동성을 통제할 수 있어야 한다. 즉 노꾼들이 배의 양쪽에 붙어 있어야 하며 바람은 보조 수단으로 활용한다. 베네치아는 이를 화물수송선박으로 개조했고 크기를 키워 중소형 사이즈를 대형 상선으로 만들었다. 이 배들은 당시까지 지중해를 운행하던 가장 큰 갤리선이었다. 베네치아는 선박의 제조를 정부에서 직접 관리했다. 아르세날레라고 불리던 이 국영 조선소는 13세기에 문을 열었는데 열 개의 작업장에서 동시에 10척의 전투용 갤리선을 제작할 수 있었다. 이 숫자는 제노바와의 분쟁이 격화되면서 만들어진 신新조선소에서 동시 제작 80척으로 증가한다. 선박의 종류도 전투용에서 상선으로 확대된다. 한동안 쭉쭉 뻗어나가던 베네치아의 선박 제조는 1504년을 기점으로 하강곡선을 그리기 시작한다. 갤리의 시대가 저물고 있었고 1535년에 이르러서는 갤리 상선을 이용한 해상 운송 서비스가 사실상 종료된다. 국영 조선소는 원래의 설립목적으로 돌아가 전투용 갤리선을 짓는데 집중한다. 15세기 초 베네치아는 총 3,345척의 선박을 보유하고 있었고 수송과 선박 건조에 종사하는 인원만 3만 6천 명이었다. 베네치아 인구가 20만 명 정도였으니 10명 중 둘이 선박 관련 일을 했다는 얘기다.

갤리의 시대가 막을 내린 데에는 몇 가지 이유가 있다. 일단 동지중해가 오스만 제국의 바다가 되었고 이들이 중계무역의 이익을 독점한 것이 역사적 배경이다. 여기에 이슬람 해적의 위협이 더해지면서 이윤은 줄고 위험은 커진 지중해는 예전의 지중해가 아니었다. 유럽 각 나라들은 출구 전략을 모색했고 잉글랜드, 네덜란드 같은 신흥 해상 세력까지 등장하면서 패권을 다투는 무대가 지중해에서 대서양 쪽으로 옮겨간다. 문제는 갤리선이 대서양 같은 바다에서는 경쟁력이 떨어진다는 사실이다. 갤리선과 범선은 핵심 동력원이 다르다. 돛을 달고 바람의 힘으로 다니면 범선이고 돛을 보조 수단으로 노를 저어 나가는 배는 갤리선이다. 지중해는 육지에 둘러싸인 큰 호수 같은 바다다. 바람이 약하기 때문에 노를 저어 이동하는 게 가능하고 만일 돌발 사태가 발생해도 섬 기슭이나 강어귀로 피할 때 노는 필수다. 대서양은 풍랑과 바람이 거세다. 대신 일정하다. 바람의 패턴만 알고 있으면 바닷길을 다니는데 크게 무리가 없다. 게다가 갤리선은 노꾼들이 배에서 차지하는 공간이 상당하다. 이 말은 화물을 적재하는데 항상 필수로 내줘야 하는 공간이 있다는 이야기다. 장사하는 사람들 입장에서는 조금이라도 더 실어야 한다. 결국 대서양 시대가 개막하면서 갤리선은 사용처가 제한될 수밖에 없었다. 범선의 전성시대는 산업혁명과 함께 증기기관을 동력으로 하는 함선이 등장하면서 끝난다. 1801년 배에 증기기관이 처음으로 이용되었고 1807년에는 미국의 허드슨 강에서 기선의 선조라 할 수 있는 풀턴의 외륜선 클러먼트호가 운행을 시작한다.

대포의 발달도 갤리선의 몰락을 앞당겼다. 범선은 양 선측에 다량의 대포를 적재할 수 있었다. 자그마한 범선도 20문 가까이 탑재할 수 있고 전열함 같은 본격적인 주력전함은 많게는 100문을 넘어가기도 한다. 갤리선은 선측에 이미 노가 들어서 있기 때문에 대포를 적재하는 게 곤란하다. 게다가 노 때문에 대포를 무조건 높은 층에만 배치해야 한다. 노꾼과 빈 공간이 아래에 있고 쇳덩이인 대포의 위치가 위에 있으면 무게 중심이 높아진다. 이때 대포가 불을 뿜기라도 하면 더 아슬아슬해진다. 최대 단점은 보급이다. 식량은 물론이고 특히 노꾼들의 중노동은 엄청난 식수를 필요로 한다. 전투용이라면 군수물자, 상선이라면 상품을 실어야 해서 선체에 식수를 저장할 공간이 부족하다. 며칠에 한 번은 식수를 보급 받아야 하니 이 보급거점이 없으면 갤리선은 무력화된다.

상품을 취급하는 해상 수송 말고 베네치아가 독점적인 지위를 차지하고 있던 것이 하나 더 있었으니 바로 순례선단이다. 당초 크리스트교의 5대 중심지는 로마, 콘스탄티노플, 알렉산드리아, 안티오키아 그리고 예루살렘이었다. 7세기 들어 알렉산드리아, 안티오키아, 예루살렘이 이슬람에 넘어간다. 15세기 중반에는 콘스탄티노플도 같은 운명이 된다. 그러나 기독교인들에게 이곳들은 실지失地였지만 여전히 성지다. 이 중 예루살렘은 그나마 방문이 용이한 곳이었고 순례자들은 예수가 못 박혔던 십자가의 파편을 담고 있는 성묘 교회에서 예배를 드리는 것이 평생의 꿈이었다(역병 사태 전 예루살렘을 방문한 연간 외국인 관광객 수가 400만 명 이상이었다. 현재 이스라엘 인구는 580만 명). 그리고 그 사업에 뛰어든 것이 베네치아였다. 베네치아는 1380년부터 순례 선단 운용을 시작했고 3차 오스만 전쟁이 터지기 전인 1530년까지 거의 중단 없이 운영했다. 당시 선박을 이용해 예루살렘을 갈 수 있었던 곳은 베네치아만이 아니었다.

제노바와 남부 프랑스의 마르세유 그리고 이베리아 반도의 바르셀로나에서도 예루살렘 선편을 운용했다. 그런데 왜 순례자들은 베네치아로 몰렸을까. 베네치아에는 순례 패키지가 있었기 때문이다. 지금처럼 배 타고 훌쩍 외국으로 떠나는 게 용이한 시대가 아니다. 절차가 보통 복잡한 것이 아니었고 어지간한 사람은 그거 하는 동안 몇 년 세월이 그냥 지나간다. 베네치아는 여행에 필요한 각종 통행증과 허가증 그리고 숙박과 통역 등의 서비스를 제공했다. 당시 여행 허가증은 모두 셋이었다. 하나는 교구 사제가 발행하는 허가증, 둘은 교황이 발부하는 허가증 그리고 마지막이 시리아와 이집트를 장악하고 있던 맘루크 제국의 허가증이다. 여행 희망자는 이 중 교구 사제 허가증만 받아오면 되었다. 교황 허가증은 왜 필요할까. 교황의 허락 없이 순례를 갔다가는 파문을 당할 수도 있었기 때문이다. 게다가 이를 발부받으려면 로마까지 발품을 팔아야 한다. 맘루크 제국까지 개인이 허가증을 받으러 간다? 이것은 명백히 미친 짓이었다. 베네치아는 교황과 맘루크 제국의 허가증을 책임졌고(수수료가 오간 것은 물론이다) 여행자가 여행에만 집중할 수도 있도록 했다.

비용은 만만치 않았다. 베네치아에서 이스라엘 서쪽의 야파 항(港)까지 운임만 55두카토였다(식대 및 출입국 관세 포함). 여기에 정박 중 육지에서 별도로 하는 개인 식사비용과 성지에서의 교통비와 각종 통과세 그리고 때마다 필요한 개인 용품 구입비까지 더하면 총 비용은 200두카토까지 올라갔다. 그 무렵 인쇄소 조판공의 월급이 3두카토였다. 한 푼도 쓰지 않고 5년 이상을 모아야 가능한 액수이니 중상류층만 순례 여행을 할 수 있었다는 얘기다. 여행자는 패키지 상품의 약관 외에 계약서에 구체적으로 적혀있지 않은 항목들을 꼼꼼히 체크해야 했다. 여행 중 사망 시 개인 소지품은 돌려받을 수 있는지, 그렇다면 운임의 절반은 유산 상속자에게 돌아가는지, 사망자가 바다 장례를 원치 않았을 경우 가장 가까운 기독교 도시 항구에 시신을 매장할 수 있는지 등등이었다. 출항 전의 모든 절차를 마치면 유언장을 작성하는 사람도 있었다. 그 시기 여행이란 게 안락하기는커녕 고생길이었고 페스트 같은 질병이 생겼을 때 간호는 있었지만 의료는 없었기 때문이다. 자, 이제 모든 준비를 마쳤다 치고 본격적으로 순례 여행을 떠나보자.

베네치아에서 야파까지는 대략 5주 정도가 걸렸다. 이것은 기상조건이 양호했을 때 얘기고 풍랑이나 기타 상황이 나빠지면 연안에 꼼짝없이 정박해 있어야 했으니 최소한 플러스 2주일. 야파에 도착 즉시 배에서 내릴 수 있는 것이 아니다. 맘루크 행정부의 고위 관리로부터 통행증을 받아야 하는 절차가 기다리고 있다. 순례선이 도착했다고 신고를 하면 2~3일 정도 후 관리들과 무장 감시병, 통역과 이들을 실어 나를 말과 낙타 등이 항구로 파견된다. 관리들이 지켜보는 가운데 하선을 하고나면 본인 확인 및 인적 사항을 꼼꼼히 기록한다. 이들의 하는 일은 안전 보장인 동시에 감시다. 여행객들을 기다리고 있는 현지 인력은 프란체스코 수도사들이다. 프란체스코 수도회는 예수가 제자들과 최후의 만찬을 했던 장소를 맘루크 정부로부터 매입해 수도원을 지어놓고 있었다. 프란체스코 수도사들이 여행객들에게 가장 먼저 알려주는 주의사항은 현지 이슬람 주민들과 가급적 접촉을 피하고 혹시 만나게 되더라도 종교적 논쟁은 절대 벌이지 말라는 것이다. 뭐, 당연하다. 여행객들은 건는 대신 말이나 낙타를 이용해야 했다. 기독교인들이 이슬람 땅을 밟는 것을 허용하지 않았기 때문이다. 동시에 관리들은 이동 수단에 대한 이용료를 챙길 수 있었다. 야파 항 도착에서 예루살렘까지는 보통 일주일이 걸린다. 노정이 평탄치 않아 가끔 도적떼를 만나기도 한다. 마침내 예루살렘에 도착하면 여행객들은 참았던 눈물을 터뜨린다. 감격해서 울고 그간의 여정이 힘들어서 운다. 예루살렘 순례 안내 역시 프란체스코 수도사들의 몫이다. 순례 코스는 크게 셋으로 예수가 체포되어 심문받는 과정에서 걸었던 '체포의 길'을 지나 로마 총독 관저에서 성묘에 이르는 '십자가의 길'을 걸어 성묘 교회 내부를 참배하는 것이다. 물론 가장 중요한 곳은 성묘 교회다. 성묘 교회 입장에서 앞서 이슬람 관리들은 또 입장료를 걷었다. 참 촘촘하게 짜인 돈 뜯기다. 여행객들과 프란체스코 수도사들이 성묘 교회에 들어가면 관리들은 밖에서 문을 걸어 잠근다. 성묘 교회 안에서는 미사가 진행되는데 여행객들의 다양한 출신지를 고려해 라틴어, 프랑스어, 독일어 등으로 예배를 봤다.

이렇게 예루살렘에 머무는 기간은 20일 내외다. 그리고 다시 야파 항구로 돌아가는데 역시 길이 만만치 않다. 여전히 강도들은 출몰하고 지나치다 만나는 현지 무슬림 주민들은 여행객들에게 돌을 던지고 침을 뱉었다. 그래도 불평을 하는 사람은 없었다. 예루살렘을 보았으므로, 예수의 길을 따라 걸었으므로, 예루살렘에서 얻은 면벌부를 든든하게 챙겼으므로. 귀환하는 바다 길도 평탄치는 않아 도중에 목숨을 잃는 사람도 여럿 나왔다. 그래도 순례 여행에는 여전히 사람들이 몰렸다. 그 이유를 어떤 사람들은 풍성한 면벌부에서 찾는다. 예루살렘에는 방문하는 성소마다 사면 기간이 정해져 있었는데 가령 부활한 예수가 제자들과 빵을 먹은 곳을 참배하면 7년 280일짜리 면벌부를 얻을 수 있었다. 그러나 그런 세속적인 욕심으로만 그 시대와 사람들을 읽어서는 곤란하다. 성지 순례자들에게 이 투어는 무엇보다 예수 그리스도와 그의 제자들의 행적을 따라가는 영적인 여정이었기 때문이다. 베네치아가 150년간이나 성지 순례 선단을 운용한 진짜 원동력은 편리한 패키지가 아니라 순례자들의 종교적 열정과 신앙심이었다.

베네치아 천년 해상 제국의 역사는 16세기 후반을 지나면서 점차 빛을 잃는다. 그 무렵 지중해 동쪽에서는 바다를 통해 약진하는 신생 강국 둘이 기지개를 펴고 있었으니 바로 포르투갈과 에스파냐다. 그리고 그 바다는 그때까지 유럽인들에게 익숙하던 바다가 아닌 전혀 다른 바다였다.

5.
1세대 제국주의, 포르투갈과 에스파냐의 약진

역사는 자연과학적 필연에 더해진 확률적 우연의 결과물이다. 어려워 보이지만 사실 그저 상식 수준의 쉬운 말이다. 자연과학적 필연은 일어날 일은 어차피 일어난다는 얘기다. 확률적 우연은? 그게 누구에게 일어나느냐 하는 거다. 여기서 방향이 둘로 갈린다. 노력하는 사람 그리고 운이 좋은 사람. 어느 쪽인지 까다로워 보이지만 아주 특별한 예외를 제외하면 대부분 노력하는 사람이 운이 좋다. 15세기 포르투갈이 그랬다. 역사부터 보자. 포르투갈은 십자군이 세운 국가다. 이슬람 밀어내기 운동인 레콩키스타의 과정에서 공을 세운 프랑스 부르고뉴 출신의 엔히크가 카스티야 왕의 사위라는 자격으로 백작에 임명된 것이 건국의 시작이었다. 해서 포르투갈의 역사는 에스파냐의 역사와 맞물려 전개된다. 에스파냐로부터 독립을 하고 거기서 대서양으로 빠져나가는 과정까지 포르투갈이 겪은 세월은 만만치 않았다. 일단 엔히크 백작의 역할은 포르투갈 백국을 만든 것으로 끝난다. 엔히크의 부인이었던 테레사는 카스티야-레온 왕국의 왕이었던 알폰소 6세의 서녀庶女로 그녀는 남편의 나라를 아버지의 나라에서 독립시키려고 노력했던 인물이다. 테레사의 꿈은 아들인 아폰수 엔히크스 때 와서 이루어진다. 아폰수 엔히크스는 꾸준히 백작령을 확장했고 이슬람이 장악하고 있던 백작령 남부를 되찾았다. 카스티야-레온 왕국은 백작령의 독립을 인정한다. 백작은 아폰수 1세로 포르투갈의 초대 왕이 된다. 이게 1139년의 일로 이른바 보르고냐 왕조의 시작이다. 아폰수 1세는 진격을 멈추지 않았다. 그는 전략적 요충지인 산타렝과 리스본을 연달아 점령했고 포르투갈의 국경선은 더욱 남쪽으로 내려간다. 리스본 정복 과정에서 아폰수 1세는 팔레스타인으로 가기 위해 대기 중이던 서유럽 각국의 십자군 전사들을 동원하기도 했는데 이는 그가 단순히 전투만 잘한 것이 아니라 상당한 수완가임을 보여준다. 백작으로 시작해 왕이 된 아폰수 1세는 정복왕이라는 타이틀을 얻고 생을 마감한다.

보르고냐 왕조의 문을 닫은 것은 9번째 왕이었던 페르난두 1세였다. 그는 잘생겼고 변덕스럽다는 평을 들었는데 왕이 인물로 먹고 사는 것도 아니고 방점은 '변덕스럽다'에 찍힌다. 그는 정책을 자주 바꿨고 이는 왕실의 불안과 국민들의 불신으로 이어졌다. 이즈음 카스티야 왕국에서 페드로 왕이 살해되고 왕위 계승위기가 발생한다. 그는 전형적인 폭군이었다. 무자비하게 권력을 행사했고 정적에게는 가차 없이 죽음을 선물했다. 정치적으로도 별로 바람직하지 않은 행동을 했는데 프랑스 부르봉가의 왕비 블랑쉬를 함부로 대한 것도 모자라 대놓고 마리아라는 애인을 두었다. 심지어 왕비를 감금하기까지 했는데 사실상 폐위나 다름없는 처분이었다. 반反국왕 세력이 반란을 일으킨다. 명분은 왕비의 복권이었다. 여기에 앞장섰던 인물이 페드로의 이복형인 트라스타마라의 영주 엔히크다. 그러나 페드로는 여유 있게 반란군을 진압했고 내친 김에 감금되어 있던 왕비의 목까지 날린다. 반란군 잔당들은 카스티야의 이웃나라인 아라곤으로 피신했고 엔히크도 프랑스로 망명을 하는 처지가 된다. 얼마 후 엔히크는 카스티야로 돌아온다. 프랑스 용병들과 함께였는데 당시 프랑스 왕인 발루아 왕조의 샤를 5세로 그는 처형당한 왕비의 오촌 오빠였다. 게다가 샤를 5세의 왕비 잔은 블랑쉬의 친언니였다. 복수의 이유는 충분했고 여기에 교황까지 힘을 보탰다.

프랑스 용병들은 막강했다. 엔히크는 연이은 전투에서 페드로를 격파했고 내내 후퇴하던 페드로는 동맹군을 구하기 위해 포르투갈로 달려간다. 포르투갈은 그의 외가였다. 페드로의 어머니가 포르투갈 왕 아폰수 4세의 딸이었기 때문이다. 그러나 분위기 파악을 한 포르투갈 왕 페드루는 그 손을 뿌리친다. 페드로가 방향을 바꿔 다시 달려간 곳은 프랑스의 아키텐이었다. 아키텐은 잉글랜드의 영토였고 프랑스와 백년 전쟁을 치루고 있었으니 자연스럽게 엔히크를 지원하는 프랑스에 적대적일 것이라는 판단이었다. 그의 판단은 적중했다. 아니, 적중했다기보다는 동맹을 구하기 위해 페드로 왕이 내놓은 조건이 너무 좋았다. 그는 엔히크를 몰아내는데 도움을 주는 조건으로 카스티야 북부 등 몇 개 지역을 내주기로 약속한다. 왕위에 미쳐 나라를 팔어넘기는 미친 짓이라고 생각하기 쉽지만 당시는 영토 국가의 개념도 강하지 않았고 충분히 가능한 일이었다. 잉글랜드 왕의 후계자인 흑태자 에드워드가 페드로와 동행하여 카스티야로 쳐들어간다. 초반은 페드로 왕의 군대가 우세했다. 그러나 에드워드가 병을 이유로 보르도로 돌아가면서 상황은 역전

된다. 이걸 뒤집어보겠다고 페드로는 엔히크 군대의 핵심인물이 프랑스 장군을 매수하려 하지만 외려 협상장소에 나갔다가 기다리고 있던 엔히크의 칼을 맞고 절명한다. 엔히크는 엔히크 2세로 타이틀을 바꿔달고 카스티야 왕위에 등극한다. 1369년의 일이다.

　엔히크에게는 치명적인 약점이 하나 있었다. 그것은 그가 일찍감치 카스티야 왕위 후보에서 제외된 이유이기도 한데 엔히크는 서자庶子였다. 공식적인 결혼이 아닌 관계에서 태어난 인물은 아무리 능력이 출중하고 심성이 발라도 왕위에 오를 수 없었다. 게다가 아무리 악당이라 해도 정당한 자격이 있는 페드로 왕을 살해한 것은 상당한 정치적인 부담이었다. 그렇다면 페드로의 타당한 계승자는 누구일까. 페르난두 1세였다. 페르난두 1세는 페드로와 육촌지간으로 자격 면에서는 선두를 달리고 있었다. 페르난두 1세는 엔히크의 왕위를 인정하지 않고 카스티야 왕위를 요구한다. 그러나 주변 환경은 그의 욕심을 받쳐주지 않았다. 일단 카스티야 국민들은 서자이거나 말거나 엔히크 2세를 지지했다. 그리고 외국인인 페르난두 1세가 왕으로 오는 것을 달갑게 여기지 않았다. 마지막으로 포르투갈은 카스티야에 권리를 주장할 체력이 없었다. 그러나 왕위 욕심에 가뜩이나 허약했던 분별력이 더 흐려진 페르난두 1세는 카스티야 침공을 결정한다. 그리고 엔히크 2세에게 박살이 난다.

　무력으로 방어하긴 했지만 엔히크 2세는 현실적인 인물이었다. 그는 자신의 여동생을 페르난두 1세에게 시집보내 결혼동맹을 꾀한다. 페르난두 1세도 처음에는 이를 받아들였지만 이번에도 그의 고질병인 변덕이 페르난두 1세의 발목을 잡았다. 마음에 드는 여자가 생겼고 일방적으로 파혼을 선언해버린 것이다. 감정이 상한 카스티야와 포르투갈은 이후 두 차례 전쟁을 더 치른다. 결과는 두 번 모두 페르난두 1세의 KO패. 엔히크 2세가 죽고 후안 1세가 즉위한다. 후안 1세는 다시 결혼동맹을 제안한다. 페르난두 1세의 딸을 자신의 아내로 달라 요청한 것이다. 페르난두 1세 입장에서는 싫지 않은 제안이었고 다만 포르투갈의 공주 베아트리스가 너무 어렸기에 약혼만 하는 것으로 일단락된다. 포르투갈에 문제가 생긴다. 후안 1세와 베이트리스가 약혼한 이듬해 페르난두 1세가 덜컥 죽어버린 것이다. 후안 1세는 자신이 포르투갈의 왕위의 적임자임을 공식적으로 선언한다. 카스티야에서 독립한 지 250년 만에 나라를 넘겨주게 된 포르투갈에서는 국회격인 코르테스가 소집되고 이들은 페르난두 1세의 서제庶弟인 주앙을 국왕으로 선출한다. 카스티야와 포르투갈 모두 왕위의 혈통이 서자로 넘어가는 일이 벌어졌고 이제 카스티야와 포르투갈 사이에는 한 판 붙을 일만 남게 된다.

주앙 1세는 신속하게 사태에 대처했다. 잉글랜드에 원군을 청했고 전략가인 누누 알바르스 페레이라를 총사령관에 임명했다. 페레이라는 지금도 포르투갈의 국민영웅으로 떠받들어지는, 우리로 치면 이순신 같은 인물이다. 페레이라는 주앙 1세의 기대를 저버리지 않았다. 그는 카스티야군을 완파했고 치명타 수준의 피해를 입혔다. 주앙 1세는 승전의 공을 성모 마리아에게 돌렸다. 현명한 처신이었다. 서자인 자신의 능력을 자랑하기보다는 성모 마리아에게 영광을 넘기는 것으로 그는 국민들의 마음을 샀다. 그렇게 주앙 1세부터 포르투갈의 두 번째 왕조인 아비스 왕조가 시작된다.

페드로, 페드루, 아폰소, 아푼수 등 그 이름이 그 이름 같은 인물들이 나오는 이야기를 읽으시느라 고생 하셨다. 발음 상 보통은 모음 오로 끝나면 에스파냐 쪽 인물이고(페드로) 모음 우로 끝나면 포르투갈 쪽 인물로 보시면(페드루) 크게 틀리지 않는다. 포르투갈 집안 얘기는 여기서 끝이다. 이제부터 본격적으로 포르투갈이 바다로 진출하는 이야기가 시작된다.

주앙 1세는 잉글랜드 국왕 헨리 4세의 누이 필리파와 결혼해 5명의 자식을 낳는다. 성공적인 자식농사였다. 주앙 1세의 가장 큰 업적이 뛰어난 아이들을 생산한 것이라고 할 정도로 5명 중 4명이 역사에 길이 남을 인물로 성장한 것이다. 그 중 톱이 셋째인 엔히크 왕자다. 그는 포르투갈의 운명을 바꿔놓는 인물이다. 1415년 포르투갈은 이슬람의 상업 중심지인 세우타를 정복했다. 어디냐면 지브롤터 해협 건너인 모로코 왕국의 끄트머리로 특 A급 전략적 요충지다. 모로코를 지배하고 있던 마린 왕조는 이베리아 반도의 하나 남은 이슬람 왕국인 그라나다 왕국의 후원자이기도 했다. 사이가 별로 좋지는 않았지만 그래도 같은 무슬림이라고 그라나다 왕국이 기독교도들에게 침공을 받을 때마다 군대와 무기를 보내준 곳이 모로코 왕국이다. 이 모로코 왕국의 세우타와 그라나다 남부의 말라카 항구가 이어져 있는 한 그라나다 왕국의 점령은 불가능했다. 그러나 대군이 움직이자니 문제점이 한 두 개가 아니었다. 포르투갈의 침공 계획이 알려지면 모로코 왕국은 결사적으로 방어에 나설 것이고 이는 쉽지 않은 전쟁이다. 혹시 점령에 성공했다 하더라도 이를 유지하려면 상당한 병력을 주둔시켜야 한다. 작은 나라 포르투갈에는 상당한 부담이다. 또 있다. 세우타가 포르투갈의 손에 넘어가면 그라나다를 노리고 있는 카스티야가 이를 기회로 순식간에 그라나다를 차지할 수 있다. 포르투갈이 강해지는 것은 카스티야에게 결코 바람직한 일이 아니기 때문이다. 다행히 당시 카스티야왕은 일곱 살 어린아이였다. 어머니와 삼촌이 섭정을 맡고 있었고 이런 경우 왕실은 모험을 하지 않는다. 포르투갈은 두드릴 수 있는 돌다리는 다 두들겨본 끝에 세우타 침공을 확정한다.

1415년 원정 준비가 끝난다. 내홍이 있었다. 전염병이 돌았고 왕비까지 감염됐다. 필리파 왕비는 "이기고 돌아오라"를 아들들에게 유언으로 남겼다. 7월에 포르투갈 함대가 남부의 라구스 항에 집결한다. 함대는 200척이 넘었고 병사의 수는 2만에 달했다. 잉글랜드와 프랑스, 독일에서 온 기사와 용병까지 포함되어 있었으니 일종의 십자군 전쟁이었다. 주앙 1세와 전투가 가능한 장성한 왕자 셋이 전부 출정했다. 국가의 명운을 건 출정이었다. 물살에 배가 계획하지 않은 방향으로 밀려가는 등 우여곡절(포르투갈은 육상 전투 전문 국가라 바다를 잘 아는 사람이 별로 없었다) 끝에 8월 21일 포르투갈 함대는 세우타 항구 앞에 도착한다. 다행인 것은 포르투갈 함대가 물살과 싸우느라 고전하는 것을 보고 이슬람 함대와 병력들이 방어를 느슨하게 풀고 있었다는 사실이다. 지브롤터 해협은 가장 좁은 곳이 13km다. 육안으로 포르투갈 함대가 헤매는 것을 보고 이들은 절대 포르투갈의 실력으로는 항구에 도착하지 못할 것이라 판단했다. 왕위 계승 1순위인 두아르테 왕자가 직접 상륙작전을 지휘했다. 가장 열정적으로 싸운 것은 셋째인 엔히크 왕자였다. 왕족이 용맹하게 전투에 임하면 주변이 힘들다. 엔히크 왕자를 보호하느라 숱한 병사들이 죽었다. 엔히크 왕자는 용맹과 무모를 오가며 선두에 섰고 가장 먼저 성 안으로 들어갔다. 13시간 동안의 치열한 공방전 끝에 세우타는 함락된다. 9월 초 왕과 대부분의 병력은 귀국하고 3천의 병사가 남아 세우타 수비를 맡는다. 1418년 엔히크 왕자는 수도인 리스본을 떠나 포르투갈 최남단인 사그레스에 거점을 마련했다. 그는 그리스도 기사단 단장이었다. 그리스도 기사단은 포르투갈 내에서 가장 영향력과 재정이 탄탄한 성전 기사단의 후신이었고 엔히크 왕자는 그 재정으로 항해 학교를 설립했고 천문대와 도서관을 지었으며 사그레스 동쪽 20km 지점인 라고스에 항구와 조선소를 지었다. 엔히크 왕자는 1460년 세상을 떠날 때까지 사그레스에 머물렀다. 무려 40년간, 결혼도 하지 않은 채.

이제 본격적으로 엔히크 왕자 이야기를 해보자. 엔히크 왕자는 유럽 각지에서 지리학자, 천문학자, 수학자와 탐험가들을 불러 모았고 이들은 바다에 대한 정보를 수집하고 연구했다. 당연히 그 바다는 지중해가 아니라 나중에 대서양이라고 불리게 될 바다다. 대서양과 지중해는 차원이 다른 바다다. 아니 대서양을 바다라고 한다면 지중해는 호수에 가까웠다. 일단 배의 개량 작업부터 이루어졌다. 배의 내구성을 강화했고 바람을 이용하기 위해 돛대의 수를 늘리고 거대한 돛을 달았다. 이 과정은 순탄했을까. 아니다. 포르투갈 내부에서도 반대의 목소리가 컸다. 당장 어떤 성과가 나오는 것도 아닌데 재정을 쏟아붓는 일에 찬성할 각료는 없다. 거센 반발에도 엔히크가 항해 계획을 밀어붙일 수 있었던 것은 아버지 주앙 1세의 전폭적인 지원 덕분이었다. 핸디캡이 많았던 주앙 1세 역시 돌파구가 절실했고 마침 아들이 그 일을 해준다니 속으로는 고마웠을 것이다. 엔히크의 배들은 조금씩 항해 영역을 넓혀가기 시작한다. 최초의 성과는 죽음의 녹색 바다로 알려진 보자도르 곶의 정복(?)이었다. 보자도르가 죽음의 곶으로 불린 이유는 그때까지 그곳을 넘어갔다 온 사람이 하나도 없었기 때문이다. 달리 말하자면 당시 세상의 끝이 보자도르였다. 엔히크가 개량한 캐러벨로 불리는 배들이 보자도르 곶을 돌아 생환한 게 1434년이다. 사그레스에 거점을 세운지 15년 만의 일이었고(그동안 포르투갈 내부의 반대를 생각하면 정말 대단한 끈기와 인내심이다)마침내 성과를 낸 것이다. 1444년 엔히크는 본격적으로 아프리카 서쪽으로 함대를 내려 보낸다. 탐험대는 흑인들을 노예로 잡아왔고 이때부터 포르투갈의 노예무역이 꽃핀다. 아프리카인들에게는 지옥문이 열린 셈이다. 국가 재정을 허공에 뿌리고 있다는 비난이 잠잠해진 것도 이때부터다. 엔히크는 왕실 직속 아프리카 회사를 세웠고 노예무역과 서아프리카를 오가는 선박들을 대상으로 세금을 거뒀다. 그는 총 4천 km에 달하는 서아프리카 해안선을 포르투갈 지도에 그려 넣었다. 말하자면 영토에 대한 공식적인 권리주장이다. 그럼 엔히크 왕자는 자신이 결과적으로 무엇을 하고 있었는지 알고 있었을까. 몰랐을 것이다. 그는 중세 사람이었고 그의 사고는 중세를 벗어나지 못했다. 보통은 그의 동기를 다섯으로 설명한다. 하나는 바다에 대한 지적知的 욕구다. 둘은 새로운 무역 루트의 개척이었다. 셋은 전설의 기독교 왕국의 군주 프레스터 존을 만나 그와 함께 십자군 전쟁을 재개하는 것이었다. 넷은 그러기 위해 당시 아프리카의 지배 세력이었던 이슬람 세력의 실재를 정확하게 파악하는 것이었다. 다섯이 기독교의 전파였다. 그러나 첫 번째와 두 번째는 후세인들이 아주 후하게 엔히크의 업적을 확대시켜 준 것으로 봐야

파란색이 이슬람과 가톨릭의 경계선. 포르투갈의 강역은 이때까지 이슬람 차지였다.

한다. 그에게 가장 중요했던 것은 조국 포르투갈의 영광과 종교적 신념
이었다.

　이야기는 에스파냐로 넘어간다. 대부분의 사람들이 포르투갈보다 에
스파냐라는 나라가 먼저 생겼을 것이라고 생각한다. 1139년 포르투갈이
독립을 했기 때문이다. 독립이란 독립한 쪽보다 강한 나라의 존재를 전
제로 한다. 당연히 그게 에스파냐라고 생각하기 쉬운데 포르투갈은 카
스티야로부터 독립을 한 것이지 에스파냐로부터 독립을 한 것이 아니
다. 물론 에스파냐의 전신(前身) 중 하나가 카스티야인 것은 맞지만 이것
역시 100% 맞는 설명은 아니다. 사실을 정확히 알아보기 위해 이슬람이
이베리아 반도의 대부분을 장악했던 시기로 돌아가 보자. 1031년은 이

슬람의 절대 강자 코르도바 왕국이 분열되어 여러 작은 이슬람 소왕국(타이파)으로 쪼개진 시기다. 타이파 시대에 북쪽에는 가톨릭 세력들이 여러 개의 백작령과 왕국들로 분리되어 이슬람과 대치했다. 그 중 사이즈가 좀 있던 나라가 레온, 카스티야, 나바라, 아라곤 등 넷이다.

왼쪽부터 보자. 레온과 카스티야가 있다. 레온 왕국은 910년부터 1230년까지 존속했던 왕국으로 아스투리아스 왕국 출신 알폰소 1세(이름이 다 거기서 거기다. 그냥 이름은 잊고 큰 틀만 이해하시라)가 칸타브리아 산맥을 넘어와 남쪽에 위치한 레온을 정복하면서 시작됐다. 아스투리아스-레온 왕국은 계속해서 강역을 넓혀갔고 910년 가르시아 1세가 수도를 레온으로 옮기면서 레온 왕국으로 불리게 된다. 카스티야는 아라곤 왕국과 함께 레콩키스타를 마무리 짓고 현 스페인 왕국의 모체로 거듭난 왕국으로 원래는 레온 왕국의 백작령이었다. 927년 페르난 곤살레스 백작이 영토를 넓히면서 레온 왕국에서 독립했고 이후 나바라 왕 산초 3세의 아들 페르난도 1세가 카스티야를 물려받아 레온 왕국을 합병하면서 카스티야-레온 통합왕국 최초의 군주가 된다. 이때부터는 통상 카스티야 왕국으로 불린다. 카스티야 옆은 824년부터 1620년까지 존속했던 나바라 왕국이다. 세 번째로 소개했지만 역사로 보면 가장 먼저 소개해야 하는 왕국이다. 처음에는 나바라와 아라곤 지방만 통치하고 있었지만 1004년 즉위한 산초 3세가 무슬림을 격파하고 레온과 카스티야의 왕위를 차지하면서 이베리아 반도 북부 전체를 지배하는 강국으로 부상한다. 그러나 1035년 산초 3세가 사망하면서 왕국이 나바라, 아라곤, 카스티야, 레온으로 쪼개졌고 카스티야를 물려받은 페르난도 1세가 레온을 합병하는 성공적인 경영을 한 반면 나바라를 상속받은 산초 가르시아 3세는 내내 지지부진하던 끝에 그의 아들인 산초 4세가 동생들에게 암살당하면서 몰락한다. 나바라의 왕위가 공석이 되자 사촌이었던 카스티야와 아라곤의 국왕들이 개입해 영토를 분할했고 한 때 이베리아 반도의 최강국이었던 나바라는 피레네 산맥의 작은 나라로 전락한다. 아라곤 왕국은 피레네 산맥과 주변의 여러 강을 끼고 있는 작은 나라였지만 산초 3세의 서자였던 라미로 1세가 물려받으면서 부흥의 깃발을 휘날리기 시작했고 알폰소 1세 때 강역을 대대적으로 확장한다. 아들이 없었던 알폰소 1세가 죽고 동생인 라미로가 왕위를 잇는다. 라미로는 카스티야 왕국의 팽창을 저지하기 위해 형의 딸을 바르셀로나의 백작과 결혼시켰고 이렇게 탄생한 것이 1137년의 아라곤 - 카탈루냐 연합 왕국이다. 그러나 완전한 통합은 아니었고 두 나라가 가지고 있던 정치, 법률 등은 독립적이었던, 일종의 반反 카스티야 연합체였다. 연합왕국은 계속 세를 불려 나갔으며 지중해의 주요 도시들을 점령해 활발한 교역 활동을 펼쳐나갔다. 카스티야와 아라곤 두 왕국은 이베리아반도 북부의 가장 강력한 가톨릭 왕국이었다.

1469년, 세기의 그러나 아주 비밀스러운 결혼식이 열린다. 신랑은 시칠리아의 왕이자 아라곤의 왕위 계승자인 페르난도 2세 그리고 신부는 카스티야의 왕위 계승자 이사벨이었다. 그런데 왜 비밀스러운 결혼이었을까. 당시 카스티야의 왕이었던 이사벨의 이복오빠 엔히크 4세가 이 결혼을 반대했기 때문이다. 먼저 앞뒤 상황을 살펴보자. 이사벨은 후안 2세의 딸로 어머니는 포르투갈의 공주였다. 그녀의 나이 세 살 때 아버지가 죽고 이복 오빠인 엔히크 4세가 왕위에 오른다. 엔히크 4세는 이사벨과 그녀의 남동생 알폰소를 시골로 쫓아버린다. 동생이 아니라 정적으로 간주했기 때문이다. 이사벨이 십대 초반이 되자 엔히크 4세는 남매를 궁으로 불러들인다. 그 사이에 마음이 착해져서? 아니다. 멀리 내치고 있는 것보다 가까이에 두고 감시하는 편이 낫겠다고 판단한 까닭이다. 엔히크 4세는 아버지인 후안 2세 못지않은 무능한 군주였다. 이른바 총신寵臣정치로 부패가 판을 치게 만들더니 나중에는 거의 무정부상태로까지 나라를 몰고 갔다. 견디다 못한 일부 귀족들은 이사벨의 동생인 알폰소를 새로운 왕으로 추대하며 반란을 일으켰고 알폰소가 죽자 이사벨을 내세워 내전을 이어갔다. 오랜 전쟁으로 피로감에 지친 양측은 휴전에 합의했는데 조건은 엔히크 4세가 이사벨을 왕위 계승자로 인정하는 것 그리고 이사벨은 엔히크 4세가 살아있는 동안에는 왕위를 노리지 않을 것 마지막이 이사벨이 배우자를 고를 때 엔히크 4세의 동의를 얻는 것이었다.

이사벨이 왕위 계승권자가 되자 혼담이 밀려들기 시작한다. 가장 적극적으로 대쉬한 것은 포르투갈의 아폰수 5세와 아라곤의 왕자 페르난도였다. 이사벨의 선택은 페르난도 왕자. 아폰수 5세에게는 이미 십대 중반의 왕위 계승자가 있었고 아이를 낳아봐야 왕위와는 무관한 결혼이었으니 이사벨이 그를 고를 이유가 없었다(게다가 아폰수 5세와 이사벨의 나이 차이는 19살). 그러나 이사벨의 선택을 달가워하지 않는 세력들은 너무나 많았다. 프랑스는 카스티야가 이미 지중해에 진출해 있는 아라곤과 합쳐지면서 세력이 커지는 것을 원치 않았다. 엔히크 4세의 궁정에는 반反

아라곤파가 득실거렸고 당연히 엔히크 4세 역시 반대였다. 휴전 조건에 이사벨의 배우자 선택은 엔히크 4세의 동의가 있어야 한다. 그런데 이사벨이 페르난도와 결혼을 하면 휴전이 깨진다. 그런 상황에서 이사벨이 내전을 감수하고 자신의 선택을 밀어붙인 것이 1469년의 결혼이었다. 밀어붙였다는 표현을 쓴 것은 이사벨이 먼저 페르난도에게 적극적으로 결혼을 요청했기 때문이다. 아버지는 실명失明에 어머니는 병석인지라 쉽게 나라를 뜰 수가 없는 형편이었지만 페르난도는 이사벨의 재촉에 더 이상 결혼식을 미룰 수 없었다. 엔히크 4세에게도 정보망이란 것은 있었다. 이사벨을 체포하라는 명령이 떨어졌고 그녀는 지지자였던 톨레도 대주교가 보낸 군대에 의지해 바야돌리드에 도착한다. 이사벨보다 한 살 어린 페르난도는 그보다 며칠 전 상인으로 변장한 측근 몇 사람과 아라곤 왕국의 수도 사라고사를 출발한 상태였다. 결혼식을 위해 두 사람은 돈까지 빌려야 했고 금지된 사촌간의 결혼이었기에 교황의 특면장特免狀까지 받아야 했다. 소식을 들은 엔히크 4세는 이사벨의 후계자 자리를 취소하고 자신의 딸인 후아나를 왕위 계승권자로 내세운다. 어차피 왕위가 목표였던 아폰수 5세는 바로 후아나에게 청혼하여 포르투갈의 왕비로 맞는다. 1474년 엔히크 4세가 사망하자 이사벨은 스스로 왕을 선포하고 본격적인 내전에 돌입한다. 궁정 내 반反 아라곤파는 즉시 포르투갈의 아폰수 5세와 손을 잡았고 포르투갈의 군대가 카스티야 국경을 넘는 가운데 카스티야 내부에서도 반反 이사벨 세력이 반란을 일으킨다. 내전은 4년을 끌었고 최후의 승리자는 이사벨이었다.

 1479년 아라곤의 왕이 사망하면서 페르난도가 즉위했고 두 왕국은 공식적으로 하나로 통합된다. 드디어 현재의 스페인 혹은 에스파냐라고 부를만한 나라가 등장한 것이다. 물론 당시 호칭은 카스티야-아라곤 왕국이었다(영어식 표기인 스페인과 에스파냐 모두 고대 로마 시대 이베리아 반도를 부르던 히스파니아에서 유래한 말). 두 왕국은 공통의 정치적, 사법적, 행정적인 제도를 공유하지 못했다. 유일하게 하나의 체제로 권한을 행사한 기관은 종교 재판소밖에 없었는데 나중에 설명하겠지만 전혀 긍정적이지 않은 기구 하나만 공동으로 운영했다. 두 왕국이 이룬 최고의 성취는 1492년 마지막까지 남아 있던 이슬람 세력인 이베리아 반도 끄트머리의 그라나다 왕국을 점령한 것이다. 그리고 이후 에스파냐는 바다로 눈을 돌려 선발주자였던 포르투갈을 추격하는 드라마를 쓰게 된다. 물론 그 사이 포르투갈도 놀고 있지는 않았다. 엔히크 왕자의 이름에 가려 대중적으로 알려지진 못했지만 주앙 2세라는 인물이 포르투갈 대항해 시대의 두 번째 약진을 준비하고 있었다.

주앙 2세는 아폰수 5세와 이사벨 왕비 사이에서 태어났다. 아폰수 5세, 익숙한 이름이다. 이사벨을 놓고 페르난도와 각축을 벌인 바로 그 인물이다. 아폰수 5세는 능력과 욕망이 조화를 이루는데 실패한 사람이었다. 북아프리카 무슬림을 정복해 신의 영광을 드높이겠다는 환상에 젖어 여러 차례 원정에 나섰고 작은 마을 몇 개를 정복하고는 스스로를 '아프리카의 정복자'라고 불렀다. 카스티야 왕위가 탐나 왕위 계승 전쟁에 뛰어들었다가 패배하자 프랑스와 군사동맹을 맺으려다 실패했고 홧김에 퇴위를 선언했다가 다시 복위하는 등 매사 오락가락이었다. 아버지의 무능은 왕자에게 정치적 각성제였다. 귀족 세력들의 오만함과 부패를 질리도록 보고 자란 주앙은 왕위에 오르자 귀족들의 기세를 꺾는 작업부터 착수한다. 물론 대놓고는 아니다. 일단 귀족들의 특권을 제한하는 것으로 조심스럽게 잽을 날린다. 가벼운 펀치였지만 왕권을 발밑으로 보던 귀족들은 맹렬하게 반발했다. 반발의 정도를 보면서 주앙 2세는 타깃의 순서를 정했다. 제일 먼저 걸려든 것은 브라간사 공작 가문이었다. 1만 3천 명의 사병 동원이 가능했던 집안이니 왕의 명령 따위가 귀에 들어올 리 없었다. 주앙 2세가 특권 제한을 철회하지 않자 브라간사 가문의 페르난두는 왕을 제거하기로 마음먹는다. 심지어 카스티야의 이사벨 여왕과 내통하는 대범함을 보이기까지 했는데 왕을 전혀 왕으로 보지 않는 행동이었다. 주앙 2세는 페르난두를 소환한다. 자신의 힘을 과신한 그는 겁도 없이 왕 앞에 나섰다가 체포됐고 반역죄로 기소된다. 다른 가문들이 동요를 일으키기 전 주앙 2세는 신속하게 페르난두를 처형해 버린다. 성공적으로 선방을 날린 주앙 2세는 브라간사 가문의 광대한 영지를 몰수하고 2단계 작전에 들어간다. 귀족들의 불법 사법권을 박탈하고 이를 왕실 재판관의 영역으로 환수한 것이다.

브라간사 가문이 독자적으로 행동하다 한 방에 침몰한 것을 본 귀족들은 연합전선을 결성해 왕에 맞서기로 한다. 이들은 주앙 2세를 내쫓고 왕비의 오빠를 왕으로 올리려는 음모를 꾸미지만 주앙 2세는 이번에도 한 발 빠르게 움직인다. 주동자인 비제우 공작을 호출했고 기소와 재판도 없이 바로 처형해버린다. 귀족들이 당황한 사이 주앙 2세는 반란 음모에 연루된 주교를 우물에 처넣었으며 80여 명 귀족들의 목을 날렸다. 포르투갈 역사상 최고의 유혈참극 앞에 귀족들은 완전히 공포에 질렸고 주앙 2세는 완벽하게 포르투갈을 장악한다. 왕권 탈환 작전 대성공.

여기까지였다면 주앙 2세의 업적은 그저 왕권 강화 군주로 끝났을 것이다. 그러나 주앙 2세에게는 꿈이 있었다. 그것은 엔히크 왕자가 못 다한 바다에 대한 도전이었다. 귀족들의 씨를 말린 흉흉한 분위기에서 왕실의 선명한 업적이 필요한 것도 한 이유였을 것이다. 주앙 2세의 특명을 받은 것은 디오구 캉이라는 탐험가였다. 아프리카 서안을 따라 내려가던 디오구 캉은 유럽인으로는 처음으로 콩고 강 입구를 통과했다. 그리고 오늘 날의 앙골라에 위치한 산타 마리아 곶까지 내려갔다. 1482년부터 1484년까지 첫 항해에서 얻은 소득으로는 나쁘지 않았다. 1485년 디오구 캉은 2차 항해에 나서 오늘 날 나미비아의 케이프크로스까지 내려간다. 산타 마리아나 케이프크로스나 거기가 거기 아니냐 하실지 모르겠지만 이게 전부 처음이라는 게 중요하다. 어떤 바다와 어떤 육지가 기다리고 있을지 모르는 항해를 한다는 것은 결코 쉽지 않은 일이다. 공포와 두려움을 동반하는 모험이었고 2차 항해에서 선원들이 디오구 캉에게 회항을 요구한 것도 바로 그런 이유였다. 주앙 2세는 선수 교체를 통해 항해를 계속한다. 바르톨로메우 디아스가 그 인물로 그는 희망봉을 통과, 아프리카를 돌아 인도양 앞까지 도달한다. 주앙 2세에게 이제 인도로 가는 길은 거의 현실 직전이었다. 그러나 복병이 있었으니 크리스토퍼 콜럼버스라는 인물이었다.

6.
위대한 착각

크리스토퍼 콜럼버스는 1451년 이탈리아의 제노바에서 태어났다(고 한다). 이렇게 말한 이유는 그의 출생에 대한 기록이 뚜렷하지 않고 이탈리아는 물론 에스파냐, 포르투갈, 프랑스, 폴란드 등 거의 10여개 국가가 콜럼버스를 자국 출신이라 주장하기 때문이다. 콜럼버스는 자신의 이름을 딱 한 번 기록으로 남겼는데 그것은 그리스어로 씌어졌고 유언장에서는 자신이 제노바 출신이라 밝혔으나 원본이 아니며 전해지는 사본도 진위가 불투명하다. 그가 작성한 문서나 메모는 에스파냐의 카스티야어로 되어 있으며 서류에서는 자신을 항상 '외국인'이라고만 기록했다(에스파냐 자동 탈락). 콜럼버스가 공식적으로 제노바 사람이 된 것은 1931년 제노바 시[*]가 그의 제네바 태생을 입증하는 300페이지에 달하는 논문을 출판한 때부터다(그래서 기록과 문서는 중요하다). 콜럼버스는 도메이코 콜롬보와 수산나 디 폰타나로사의 칠남매 중 셋째로 태어났다. 부부는 아이에게 크리스토포로라는 이름을 지어주었는데(이탈리아식 이름이다. 에스파냐어로는 크리스토발 콜론, 포르투갈어로는 크리스토바우 콜롬, 프랑스어로는 크리스토프 콜롱) 로마 가톨릭의 성인 중 하나인 크리스토포루스에서 딴 것이다.

　전설에 의하면 크리스토포루스는 오늘 날의 터키 지방에 살던 인물로 키가 매우 큰 남자였다. 강가에 살던 이 남자는 강을 건너려는 여행객들을 어깨에 올려 실어 날라주며 생활을 꾸려나갔다. 어느 날 한 어린 소년이 그에게 도강을 부탁한다. 여느 때처럼 소년을 어깨에 얹고 강물로 들어선 크리스토포루스는 기묘한 체험을 하게 된다. 강물 중간쯤 수심이 가장 깊은 곳에 이르자 갑자기 소년이 무거워지기 시작한 것이다. 그는 젖 먹던 힘까지 짜내 겨우 강을 건넜고 얼마나 힘들었는지 세상을 다 짊어진 기분이었다고 고개를 절레절레 흔든다. 크리스토포루스의 말에 소년은 빙그레 웃으며 자신이 그리스도라고 정체를 밝힌다. 세상의 모든 짐을 다 짊어지고 십자가를 맨 그리스도를 어깨에 얹었으니 그 무게가 태산 같은 것은 당연한 일이었다. 그때부터 그는 그리스어로 '그리스도를 업은 자'라는 의미의 크리스토포루스라는 이름을 얻게 된다. 나중에 크리스토포루스는 박해 끝에 참수를 당하는 처지가 되고 형장으로 끌려가는 동안 자신을 보고 신을 믿는 사람들을 폭풍과 지진과 불에서 구원받도록 기도했다는 이야기가 전해지면서 항해자, 여행자들의 수호성인이 되었다(미술작품에서 작은 어린이를 등에 업고 막대기를 든 수염 난 거인으로 묘사되는 사람이 바로 이 사람). 결과적으로 콜럼버스의 부모는 자신들도 잘 모르는 채 아이에게 가장 어울리는 이름을 지어준 셈이다. 훗날 성인이 된 콜럼버스는 자신의 이름을 계시로 받아들였으며 바다를 건너가 그리스도를 전파하라는 사역을 운명처럼 여겼다. 콜럼버스의 나머지 형제들에 대한 기록은 희미하며 남동생인 바르톨로메오와 지아코모만 콜럼버스가 아메리카 대륙을 밟았을 때 영광을 같이 하는 것으로 역사에 이름을 올렸다.

아버지의 직업은 직조공이었지만 콜럼버스의 관심사는 가업이 아니라 바다였다. 별 볼일 없는 집안에서 태어나 별 볼 일 없이 살아야하는 운명을 바꾸려면 모험이 필요했고 그 길은 바다로 열려 있었다. 14세부터 선원 생활을 한 콜럼버스는 제노바 앞바다에서 배를 타며 바다와 친해졌다. 그는 바람을 구분하는 법을 배웠고 조류의 흐름을 익혔으며 해적을 상대하는 법을 터득했다. 콜럼버스가 스물다섯 살이던 1476년은 그의 인생에서 첫 번째 변곡점이었다.

그가 탄 배가 프랑스와 포르투갈 해적선의 공격을 받았고 부상을 입은 콜럼버스는 무려 5해리(1해리는 1.852km)를 헤엄쳐 한 바닷가에 도착한다. 그곳은 포르투갈의 라고스 인근 해안이었고 사그레스에서 멀지 않은 곳이었다. 사그레스와 라고스가 어딘가. 엔히크 왕자가 처음 항해 기지를 마련한 곳이 사그레스요, 항구와 조선소를 지은 곳이 라고스 아니던가. 하고 많은 바닷가 중 콜럼버스가 도착한 해변이 하필 라고스였었다는 사실은 묘한 우연이자 마치 그의 운명에 대한 기시감처럼 느껴진다. 몸을 추스른 콜럼버스는 제노바로 돌아가는 대신 리스본 항으로 향한다. 리스본 항은 대서양을 향해 열린 유럽의 항구 중 가장 열정적인 곳이었고 유럽 전 지역에서 온 선박들이 정박해 있는 곳이었다. 그리고 그곳에는 동생 바르톨로메오가 지도 제작자로 일하고 있었다. 바다에 대한 정보가 풍부했던 콜럼버스의 합류로 얼마 안 가 형제는 지도 제작자로 명성을 떨치게 된다. 콜럼버스는 리스본에서 포르투갈어와 에스파냐어를 배웠고 배를 타고 주변 항구를 빠짐없이 습득했다. 당시 가장 인기 있던 원양 어선 카라벨 조종법을 익힌 것도 이때였다. 콜럼버스의 항해

범위는 갈수록 넓어진다. 1477년에는 아이슬란드를 지나 북극선 한계까지 항해를 했으니 북쪽으로는 거의 끝까지 간 셈이다.

리스본에서 콜럼버스는 인생의 반려자도 만났다. 펠리파 페레스트렐로 에 모니즈라는 매력적인 처녀였다. 콜럼버스는 얼굴이 길고 피부가 검었고 길고 뾰족한 코에 빨간 머리였다고 한다. 묘사를 조합해보면 그다지 미남은 아니었지만 바다에 대한 열정과 호기심으로 가득한 이 남자에게 펠리파가 빠진 것은 그녀의 집안 환경과 무관하지 않다. 펠리파의 아버지는 엔히크 왕자의 항해 학교에서 공부한 선장이자 관리였고 할아버지는 아예 엔히크 왕자를 직접 섬긴 기사였다. 바닷사람의 피가 흐르는 여성이 바다에 환장한 남자를 만났으니 전기가 튄 것은 당연했을 것이다. 두 사람은 1479년에 결혼식을 올렸고 포르투갈 남단의 마데이라 제도에 보금자리를 마련한다. 콜럼버스는 그 곳을 관측소 삼아 자신의 미래를 예측하고 싶었다. 마침 기막힌 선물이 콜럼버스의 손에 들어온다. 장인이 사망하자 장모가 남편의 항해 일지와 선장 일지 그리고 지도를 사위에게 넘겨준 것이다. 그것은 지금으로 치면 국가 기밀에 가까운 특 A급 문서였다. 1476년 사고로 우연히 상륙한 포르투갈에서 그는 인생의 기반이 되는 모든 것을 얻은 셈이다.

당대 유럽인들이 가장 궁금했던 곳은 그들이 생각하기에 유럽에서 가장 먼 곳인 중국과 인도 그리고 지팡구(일본)였다. 향신료가 흘러나오고 황금이 지천으로 널린 땅에 대한 호기심에 콜럼버스라고 매료되지 않을 리 없었다. 그는 몇 년 동안 모은 자료와 지도를 비교 분석하면서 지구의 크기에 대해 가설을 만들어나갔다. 동쪽이 아니라 오로지 서쪽으로만. 콜럼버스는 마르코 폴로의 여행기를 탐독했고 15세기 전반 프랑스 가톨릭 추기경이었던 피에르 아이가 쓴 '세계의 형상'을 거의 외우다시피 했다. 최고의 지도 제작자로 알려진 이탈리아의 의사이자 학자 토스카넬리와 편지를 주고받은 것도 이 즈음이다. 불행히도 그가 수집한 자료들은 각각 치명적인 약점을 가지고 있었다. 마르코 폴로는 중국의 면적을 실제보다 훨씬 넓게 소개했고 이와 반대로 피에르 추기경은 대서양을 사이에 둔 유럽과 아시아의 거리가 얼마 되지 않는다고 적었다. 토스카넬리 역시 리스본에서 일본까지는 2천 6백 해리, 포르투갈에서 중국까지의 거리는 4천 3백 해리로 계산했다. 사람은 보고 싶은 것만 보고 듣고 싶은 것만 듣는다. 콜럼버스 역시 예외가 아니었다. 대서양을 넘어 인도로 가고 싶었던 콜럼버스는 토스카넬리의 주장에 빠져들었고 1481년에는 당신의 계산이 맞는다는 것을 입증하고 싶다는 편지를 보내기도 했다. 자신의 주장을 지지하는 콜럼버스가 싫을 이유가 없었던 토스카넬리는 답장을 통해 콜럼버스의 계획을 응원했다. 향료가 자라는 곳을 찾겠다는 콜럼버스의 고귀하고 원대한 포부에 존경을 표하며 가톨릭교도로서 가장 영광스러운 일이라는 찬사와 함께 직접 그린 지도까지 첨부했다(당연히 매우 잘못된 지도다). 콜럼버스로서는 벌써 세상을 전부 손 안에 쥔 기분이었을 것이다.

1484년 세른 세 살이 된 콜럼버스는 자기 딴에는 완벽한 항해 계획서를 만들었고 주앙 2세를 알현할 기회를 얻게 된다. 식민 개척 명가인 처가가 있었기에 가능한 일이었다. 콜럼버스의 기획안은 항해 검토 위원회로 넘겨졌고 그는 위원회의 전문가들과 숱하게 토론을 벌여야 했다. 1년여에 걸친 심사 끝에 나온 결론은 사업 계획서 반려. 콜럼버스의 계획안에 들어있는 아시아까지의 항해 거리가 너무나 짧다는 이유였다. 그는 카나리아 제도에서 일본까지의 거리를 2,400마일로 계산했다. 그러나 실제 그 거리는 1만 600마일로 콜럼버스 계산의 네 배나 되었다. 당연한 것이 그는 아메리카 대륙의 존재를 몰랐고 그 넓이만큼의 계산이 빠져있었던 것이다. 게다가 포르투갈은 아프리카를 돌아 인도로 가는 계획이 거의 마무리 단계였으니 콜럼버스의 부실한 계획은 쓸데없이 투 트랙으로 사업을 벌이고 싶지 않았던 주앙 2세의 의중과도 거리가 있었다. 낙담한 콜럼버스는 신이 주앙 2세의 눈과 귀를 막은 모양이라며 한탄했다. 설상가상으로 얼마 후 아내인 펠리파마저 사망하자 콜럼버스는 포르투갈에 만정이 떨어진다. 그는 다섯 살 난 아들 디에고와 함께 에스파냐로 터전을 옮긴다. 이렇다 할 성과도 없고 포르투갈에서 거절당한 일도 파다하게 소문난 콜럼버스를 반기는 사람은 없었다. 콜럼버스의 목표는 이사벨 여왕과 페르난도 왕을 만나는 것이었다. 그러나 생면부지의 땅 에스파냐에서 콜럼버스에게 그런 기회가 올 가능성은 전혀 없었다. 그래도 약간의 운은 따랐다. 콜럼버스에게는 에스파냐 사람과 결혼한 처제가 있었고 처제에게 아들을 맡기러 갔다가 천문학에 밝은 수도사 안토니오 데 마르체니를 만나게 된 것이다. 콜럼버스와의 대화에 흥미를 느낀 그는 여러 척의 배를 가지고 있던 메디나 셀리 백작 그리고 돈루이스에게 콜럼버스를 소개한다. 둘 중 더 관심도가 높았던 사람은 돈루이스였다. 콜럼버스는 카라벨 서너 척이면 항해가 가능하다고 말했고 돈 루이스는 페르난도 왕과 이사벨 여왕의 허락을 구하기 위해 왕궁으로 들어간다. 이사벨 여왕은 돈 루이스의 요청을 거절한다. 그렇게 중요한 일은 개인이 아니라 왕실이 후원하는 것이 맞다는 이유였다.

　당시 에스파냐 왕실은 중부와 남부 지방을 옮겨 다니며 지내고 있었다. 여름 궁과 겨울 궁처럼 계절에 맞춘 호사가 아니라 이슬람 세력을 몰아내는 전쟁 중이었기 때문이다. 콜럼버스는 세비야에 거처를 정하고 왕실이 근처로 옮겨 오기를 기다린다. 그게 무려 9개월로 왕실이 코르도바로 옮겨온 때였다. 그 사이 콜럼버스에게는 여자가 생긴다. 스무 살의 베아트리스 엔리케스라는 여자였다. 베아트리스와의 사이에서 페르디난드라는 아이를 생산하기는 했지만 콜럼버스는 결혼은 하지 않았다. 자신이 가까운 미래에 성취할 영광과 농민 출신인 베아트리스의 격이 맞지 않기 때문이다. 1486년 5월 1일 이사벨 여왕과의 첫 만남은 순탄하게 진행됐다. 나이와 성격이 비슷했고 심지어 외모까지도 닮은 구석이 있었다. 이사벨 여왕은 콜럼버스의 계획에 흥미를 보였고 특히 그의 기획의도에 호감을 느꼈다. 콜럼버스는 그의 목적이 단순한 식민지 개척을 넘어 가톨릭의 전파에 있다고 역설했는데 그것은 독실한 가톨릭 신자인 여왕의 마음에 징을 울리는 발언이었다. 게다가 콜럼버스가 요구한 배는 달랑 세 척. 그러나 왕실의 결정에는 절차가 있는 법이다. 여왕은 콜럼버스의 계획안을 왕립 학술 위원회에 넘겼고 최종결정이 나기까지 콜럼버스에게 얼마간 생활비를 지원하는 호의를 보인다. 한 두 달이면 결정이 날 거라던 위원회의 심의는 해를 넘겼고 2년이 지나서야 콜럼버스는 답변을 들을 수 있었다. 또 반려. 왕립 학술 위원회는 동쪽으로 가는 것보다 서쪽 방향이 유럽과 아시아의 거리가 더 짧다는 콜럼버스의 가설을 근거 없음으로 결론지었다. 좀 더 시간을 두고 생각해보자는 통보를 받던 날 콜럼버스의 하늘은 노랗고 또 노랬으며 노란 색의 절정이었다. 왕립 학술 위원회의 그 같은 결정에는 콜럼버스가 생각지 못한 또 하나의 요인이 있었다. 이슬람의 마지막 왕국 그라나다와 전쟁 중이던 이사벨 여왕은 콜럼버스의 계획에 몰입할 만큼 여유가 없었던 것이다.

그라나다 왕국 점령은 이사벨 여왕 일생일대의 목표였다. 이사벨 여왕은 청결에 병적으로 집착했던 인물이다. 하루에도 목욕을 네 번이나 하던 그녀였지만 1490년 그라나다 성 밖의 네바다 산에 올라 성을 되찾기 전에는 절대 군복을 벗지 않겠다고 맹세할 정도로 그라나다 정복에 몰두했다. 1491년 내내 피 터지는 공방전이 이어졌고 마침내 1492년 1월 2일 이사벨은 그라나다 왕국의 마지막 군주인 보압딜에게서 왕궁 열쇠를 건네받는다. 이사벨 여왕은 그라나다의 대지에 입맞춤을 하고 남편인 페르난도와 알함브라 궁전에 들어선다. 8세기에 걸친 무어인들의 에스파냐 통치가 막을 내리는 순간이었다. 유럽 전역 성당에서 종소리가 울려 퍼졌다는 이 날 가장 환호한 사람은 콜럼버스였다. 이유가 있었다. 이사벨 여왕의 고해 담당 신부였던 후안 페레스 수도원장이 왕립 학술 위원회는 조언만 했을 뿐 페르난도 왕과 이사벨 여왕이 최종결정을 내린 것은 아니라며 콜럼버스에게 귀띔을 해줬던 것이다. 왕실의 재정 사정을 알게 된 콜럼버스는 그라나다 함락이 끝나면 상황이 바뀔 것으로 생각했다. 그리고 다시 한 번 자신의 계획을 설명할 수 있는 기회가 온다. 상황은 녹록치 않았다. 이사벨 여왕은 콜럼버스의 계획안을 학술 위원회에 다시 '공식적'으로 상정했고 학술 위원회는 꼼꼼히 검토 끝에 '공식적'으로 그의 계획안에 퇴자를 놓는다. 역시 거리 계산이 문제였다. 오랜 노력이 허송세월로 마무리되는 순간 콜럼버스는 인생의 마지막 도박을 결심한다. 계획안을 들고 프랑스로 건너가는 것이었다. 나름 계산은 있었다. 프랑스는 지중해를 놓고 아라곤 왕국과 경쟁 관계에 있었고 그가 프랑스행을 택했다는 것이 알려진다면 상황에 변화를 줄 수도 있다고 판단한 것이다. 매우 불확실한 예측이었지만 콜럼버스의 도박은 성공한다. 그가 프랑스로 떠난 직후 이사벨 여왕은 생각을 바꿔먹고 콜럼버스에게 사람을 보냈던 것이다. 겨우 세 척인 배를 내주지 않아 혹시라도 모를 콜럼버스의 성공을 프랑스에게 넘길 수는 없었다. 그라나다 부근 산타페에서 콜럼버스와 에스파냐 왕실은 3개월에 걸친 협상을 진행한다. 협상이 마무리 된 것은 4월 17일. 주요 내용은 콜럼버스를 앞으로 발견할 모든 육지와 섬의 통치자로 임명하며 콜럼버스는 그 지역에서 생산되는 금, 은, 진주, 기타 보석, 향신료의 10분의 1을 가지는 것 그리고 그 지역에 정박하는 모든 선박에 대해 이윤의 8분의 1을 세금으로 거둘 수 있는 권리였다. 콜럼버스가 예상한 총 항해 경비는 200만 마라베디였다. 어느 정도 액수일까. 어떤 역사책에는 대단히 많은 것으로 나오는데 과연 그럴까. 미겔 데 세르반테스가 1605년 발표한 소설 '돈 키호테'에서 돈 키호테가 부하인 산초에게 준 급료가 하루 26마라베디였다. 200만 마라베디는 산초의 76,923일 인건비로 햇수로 치면 210년이지만 콜럼버스가 항해에서 데리고 떠난 선원과 의사, 목수, 왕실 사절 등 90 여명의 인건비로 계산하면 854일로 2년 3개월 치인데 단순 수행직무인 산초보다 이들의 급료가 쌨을 것이기 때문에 일수는 더 줄고 결과적으로 그다지 큰 금액은 아니었을 것으로 추정된다. 에스파냐 왕실은 이 비용 중 140만 마라베디를 국고에서 빌렸고 콜럼버스는 25만 마라베디를 은행 대출로 그리고 나머지는 그의 사업에 관심을 가졌던 재무상 루이스 데 산타넬이 개인자격으로 지원했다.

협상이 끝나고 얼마 지나지 않아 콜럼버스는 세 척의 배를 지원받았다. 그러나 다음 일정인 선원을 뽑는 문제부터 콜럼버스는 골머리를 앓게 된다. 비용을 절약하고 싶었던 왕과 여왕이 죄수들 중에서 선원을 뽑으라고 했기 때문이다. 물론 죄수들에게는 형의 면제가 약속되었다. 능력 있는 선원들을 원했던 콜럼버스에게는 어이없는 상황이었다. 다행히도 지원하는 죄수는 없었다. 형기 조금 줄이자고 '암흑의 바다'로 알려진 대서양 항해에 목숨을 걸 멍청한 죄수는 없었다. 문제는 죄수뿐만 아니라 일반 선원 중에서도 지원자를 찾기가 어려웠다는 것이다. 콜럼버스는 사방으로 선원 모집을 하러 다녔고 항해가 생각보다 간단하며 많은 보상이 있을 거라는 소문을 퍼뜨렸다. 콜럼버스의 광고를 다 믿은 건 아니었지만 제법 명성이 있던 마르틴 알론소 핀손과 비센테 야녜스 핀손이 콜럼버스를 찾아오면서 문제는 풀리기 시작한다. 형제지간인 두 사람은 세속적인 욕심이 강했고 큰 부자가 되고 싶었다. 두 사람은 마치 자기 일처럼 선원들을 모았고 두 사람의 실력을 아는 사람들이 하나 둘 모여들기 시작한다. 1492년 여름 내내 콜럼버스는 선원 모집에 매달렸고 배에 장비를 설치했으며 물자를 주문했다. 앞서 말한 대로 콜럼버스의 선단은 모두 90명이었다. 왕실 사절(일종의 감시역이기도 했다), 의사, 목사, 은세공사, 통역사까지 다 합친 구성이었다. 기함이었던 산타 마리아호[뼤]는 적재능력 150톤의 범선으로 길이 23m에 너비 7.5m 그리고 흘수吃水선이 1.8m였다. 당시로도 그리 큰 배는 아니었고 기함의 크기가 이 정도니 다른 두 척은 이보다 조금 더 작았을 것이다. 기함 산타 마리아 호의 선장은 당연히 콜럼버스 그리고 다른 두 척 핀타호號와 니냐호號의 선장은 각각 마르틴과 비센테였다. 산타 마리아에 40명 그리고 나머지 두 척에 각각 25명씩 올라탄 콜럼버스 선단이 세비야 인근 팔로스 항을 출발한 8월 3일은 인류가 달에 간 날만큼이나 상징적인 사건이다. 그날을 시작으로 진정한 세계사가 시작되었기 때문이다. 그날 이후로 처음으로 세계가 하나로 연결되었기 때문이다.

항해 초반은 순조로웠다. 콜럼버스의 자신감은 선원들을 기분 좋게 전염시켰고 설렘과 기대감이 불안과 두려움을 압도하는 분위기였다. 출항하고 한 달, 선단은 카나리아 제도를 통과한다. 이제부터는 그야말로 미지의 세계로 나침반 하나와 모래시계 그리고 몇 개의 조악한 천문관측기구만을 이용해 망망대해를 헤쳐 나가는 여정이 시작된다. 콜럼버스가 잘못 계산한 탓에 금방 나온다던 육지는 보일 기미가 없었고 선원들의 불안은 불만으로 진화하기 시작한다. 콜럼버스는 선원들을 다독이기 위해 꼼수를 썼는데 그것은 항해한 거리를 실제보다 적게 기록하는 것이었다. 한 달여 기약 없는 항해 동안 콜럼버스의 속은 타들어갔고 선원들은 회항하자는 목소리를 내기 시작한다. 불만이 행동으로 폭발하기 직전의 어느 새벽, 누군가 "육지다!"를 외친다. 10월 12일이었고 카나리아 제도를 지난 지 33일 만이었다. 함대가 발견한 것은 바하마 제도의 한 섬이었고 육지에 상륙한 콜럼버스는 왕실 깃발을 꽂으며 섬의 이름을 산살바도르(성스러운 구세주라는 뜻)로 명명한다. 다시 2주 후인 10월 28일에는 에스파뇰라 섬을 발견했는데(서인도 제도의 도미니카) 그게 1차 항해의 마지막 발견이었다.

　콜럼버스는 1493년 3월 팔로스 항으로 귀항했다. 7개월의 여정이었고 배는 두 척으로 줄어있었다. 그가 발견한 곳은(어떤 분들은 원래부터 있던 건데 왜 발견이냐고 하실지 모르지만 유럽인들의 입장에서는 발견한 것이 맞다) 오늘 날의 바하마 제도와 쿠바였다. 황금은 없었고 기대했던 몽골 제국의 황제도 만나지 못했지만 그는 그곳이 아시아의 일부이며 인도라고 믿었다. 콜럼버스의 1차 항해 소식을 가장 먼저 접한 것은 에스파냐의 이사벨 여왕이 아니라 포르투갈의 주앙 2세였다. 귀항 중 폭풍을 만난 콜럼버스가 리스본 항구에 기착해야했기 때문이다. 콜럼버스는 리스본 상륙 허가를 요청했고 다음 날 리스본 항만청장이 콜럼버스를 찾아온다. 항만청장의 이름은 바르톨로메우 디아스였다. 주앙 2세 앞에서 콜럼버스는 지난 7개월 동안의 모험담을 들려주었다. 주앙 2세는 콜럼버스가 데리고 온 인디언들에게 신대륙을 그려보라 시키기도 했다. 본 것은 형편없었지만 콜럼버스의 입에서 흘러나오는 말을 훌륭했다. 듣는 내내 주앙 2세는 속이 쓰렸다. 그러나 잠시 후 쾌재를 불렀는데 1479년 포르투갈과 에스파냐가 맺은 알카소바스 조약이 떠올랐기 때문이다. 카스티야 왕위 계승전을 종결하기 위해 체결된 이 조약의 주요내용은 이사벨을 카스티야의 왕위 계승자로 인정하는 것과 포르투갈의, 대서양 몇몇 섬들에 대한 소유권과 아프리카 해안 지대에 대한 권리를 보장하는 것이었다. 정확히는 카나리아 제도 남쪽 대서양, 북위 26도 이남 지역이었고 콜럼버스가 침을 튀겨가며 자랑한 인도는 그 북위 26도 이남이었으니 주앙 2세가 흐뭇해진 것은 당연한 일이다. 이런 아름다운 일이 있나. 콜럼버스의 말이 끝나기가 무섭게 주앙 2세는 짐의 영토를 발견해주어 고맙다는 치하를 잊지 않았다. 황당과 당황 사이 어느 지점에서 머리가 어질어질하던 콜럼버스는 주앙 2세를 알현하고 나오자마자 급히 바르셀로나로 사람을 보낸다. 포르투갈이 신대륙을 가로채려한다는 한다는 메시지를 들은 페르난도 국왕과 이사벨 여왕은 사태 해결을 놓고 머리를 싸맸다. 가장 먼저 떠올릴 수 있고 제일 쉬운 것은 전쟁. 그러나 부부는 이를 외교로 해결하기로 한다. 15세기 말 유럽의 국제 규정 상 비‖가톨릭 영토의 통치와 주권은 교황의 고유권한이었다. 그리고 당시 교황이 에스파냐 출신인 알렉산데르 6세였다. 교황은 1493년 5월 3일 첫 번째 칙서를 발표한다. 카스티야 왕이 콜럼버스가 발견한 땅에 사절단을 파견해 그곳이 가톨릭 국가가 아닌 경우 통치권이 이들에게 있음을 명확히 한 것이다. 그가 교황에 선출될 수 있도록 에스파냐 왕실이 적극 지원했던 것이 뜻밖의 사안에서 효과를 보게 된 셈이다. 그러나 부부 왕은 이 칙서가 만족스럽지 않았고 주앙 2세 역시 포르투갈에게 일방적으로 불리하다고 판단한 끝에 수용 거부 의사를 밝힌다. 두 번째 칙서가 발표된다.

교황은 에스파냐와 포르투갈의 영토 분계선을 다시 확정했는데 아조레스 제도와 베르데 곶에서 서쪽으로 100레구아(1레구아는 5.5km) 떨어진 곳에 가상의 수직선을 그어 선의 동쪽에서 발견되는 영토는 포르투갈의 권리와 사법권을 인정하고 선 밖 서쪽에서 발견되는 영토에는 마

오른쪽 선이 1493년 조약 합
의, 왼쪽은 1494년 합의. 아
프리카 서쪽 옆으로 베르데
곶이 보인다. 남의 땅 가지
고 잘 들 하는 짓이다.

찬가지로 에스파냐의 권리와 사법권을 인정한다는 내용이었다. 주앙
2세는 떨떠름했다. 특별히 억울할 것은 없었지만 교황 칙서 한 번에 협
상을 끝내는 건 왠지 자존심이 상하는 느낌? 해서 주앙 2세는 에스파냐
부부 왕과 다시 협상을 벌인 끝에 이 선을 서쪽으로 좀 더 밀어낸다. 기
존의 선에 37 레구아를 더한 거리였다. 이게 에스파냐와 포르투갈이 맺
은 토르데시아스 조약으로 1494년 6월 7일에 체결했다. 이 조약 덕분에
그때까지는 발견되지 않았던 브라질이 포르투갈의 식민지가 되었으며
현재 남미에서 유일하게 에스파냐어를 안 쓰는 나라가 된다. 유럽 다른
나라들이 이런 장난질 같은 조약을 그대로 보고 있을 리 없었다. 프랑스
국왕은 에스파냐 국왕에게 이 세계의 반쪽을 지배할 수 있는 권리가 아
담의 유언장에 나와 있다면 몇 조 몇 항에 있는지 보여 달라며 반발했다.

영국의 엘리자베스 1세는 "바다는 만인의 것"이라는 한 마디로 에스파냐와 포르투갈의 조약을 공개적으로 무시해 버렸다. 새로운 바다와 새로운 영토에 대한 경쟁과 각축의 싹이 자라기 시작한 것이다.

콜럼버스는 모두 네 번의 항해를 했다. 공을 인정받아 총독 자리를 맡기도 했지만 역량부족인지 적성미달인지 운영은 신통치 않았다. 그는 죽으나 사나 탐험가요 뱃사람이었다. 콜럼버스의 시대는 이사벨 여왕과 함께 열렸고 그녀의 죽음과 함께 닫혔다. 1504년 이사벨 여왕이 서거하면서 그를 후원하는 사람은 더 이상 없었다. 1506년 5월 20일 콜럼버스는 둘째 아들과 몇몇 부하들이 지켜보는 가운데 영면했다. 그가 죽은 곳은 이사벨과 페르난도가 결혼식을 올린 장소에서 멀지 않은 곳이었다. 알고 그랬던 것일까 그저 우연일까.

7.
바스쿠 다 가마, 인도에 발을 딛다

1497년은 인류의 역사에서 또 한 번의 특별한 해다. 그렇게도 바닷길로 가고 싶었던 인도를 기어이 포르투갈이 개척한 것이다. 딱 10년 전 바르톨로메우 디아스가 희망봉을 돌며 직전까지 갔던 인도로 가는 길이 현실화되는 순간이었다. 7월 9일 리스본의 벨렝 지구 앞에 펼쳐진 해안가에서 네 척의 배에 올라탄 160여 명의 선원들은 희망과 불안이 뒤섞인 표정으로 마중 나온 사람들을 향해 손을 흔들고 있었다.

선단을 이끈 총사령관의 이름은 바스쿠 다 가마. 1469년 포르투갈의 남서부 알렌테주 지방에서 중소 귀족의 셋째 아들로 태어난 바스쿠 다 가마는 콜럼버스와 함께 대항해 시대를 대표하는 인물이다. 어린 시절에 대해서는 알려진 바가 별로 없다. 그의 이름이 기록에 처음 등장한 것은 1492년 주앙 2세가 프랑스와의 분쟁 해결을 위해 포르투갈 최남단인 알가르브로 바스쿠 다 가마를 파견했을 때다. 프랑스가 포르투갈 선박을 약탈한 것에 대한 조치로 바스쿠 다 가마는 프랑스 선박들에 억류 조치를 취하는 것으로 강경 대응한다. 이는 효과가 있었고 이 일로 바스쿠 다 가마의 이름은 조금 알려졌지만 그 뒤로 다시 기록에서 사라진다.

재미있는 것은 항해에서 탁월한 업적을 보였다는 기록 역시 없다는 것이다. 그런 점에서 바스쿠 다 가마의 발탁은 매우 의외였다. 그를 선택한 사람이 누구인지도 불분명하다. 프로젝트를 기획했던 주앙 2세인지, 시행했던 마누엘 1세인지 역사책 어디에도 나오지 않는다. 그러나 그게 누구였든지 탁월한 선택이었던 것만은 확실하다. 바스쿠 다 가마의 1차 목표는 희망봉이었다. 1488년 디아스가 처음으로 아프리카 대륙을 타고 내려 간 뒤 그 뒤를 밟은 사람은 아무도 없었다. 이미 갔던 길 아니냐고? 바스쿠 다 가마는 기존의 항로를 버리고 아프리카 서해안 대신 대서양 방향으로 선수를 돌렸다. 항해에 유리한 해류와 바람을 이용하기 위해서였는데 말이 쉽지 이는 미지의 공포와 정면으로 맞서는 행동이었다. 방향을 잘못 계산해서 망망대해로 빠져버리기라도 하면 영원히 돌아오지 못할 수도 있었다. 11월 7일 바스쿠 다 가마의 선단은 123일의 항해 끝에 희망봉에서 멀지 않은 산타 헬레나 만에 도착했다. 바스쿠 다 가마와 선원들은 자신들이 수립한 새로운 기록을 축하했고 희망봉을 돌아 꿈에 그리던 인도양으로 들어선다.

동아프리카의 모잠비크, 몸바사를 거쳐 말린디에 도착한 바스쿠 다 가마 선단은 인도의 캘리컷으로 가는 길을 아는 현지인을 수배했고 다행히도 경험이 풍부한 선원을 찾을 수 있었다. 계절풍을 타고 바스쿠 다 가마 선단이 캘리컷에 도착한 것은 1498년 5월 20일의 일이다. 인도의 캘리컷은 아프리카와는 사뭇 달랐다. 아프리카 동쪽에도 어느 정도 발전된 이슬람 문명이 있었지만 캘리컷은 그보다 한 수 위. 당연히 캘리컷의 국왕 사모린의 눈에 바스쿠 다 가마 일행이 가져온 유럽의 상품들은 조잡하기 그지없는 것이었다. 이유는 알 수 없지만 사모린은 바스쿠 다

바스쿠 다 가마의 첫 번째 인도 항해 경로 1497-1499

아조레스 제도 / 포르투갈 리스본 / 카나리아 제도 / 아프리카 / 호르무즈 / 아라비아 / 인도 / 아라비아 해 / 고아 / 카나노르 / 베르데곶 / 켈리컷 / 코친 / 세인트 헬레나 / 말린디 / 킬와 / 모가디슈 / 인도양 / 모잠비크 / 소팔라 / 대서양 / 희망봉

바스쿠 다 가마의 항로. 아프리카 서남쪽으로 꽤 멀리 돌아간 것을 확인할 수 있다. 도착지인 인도의 캘리컷, 코친, 고아는 앞으로도 여러 번 등장한다. 기억해 두자.

가마 일행을 우호적으로 대했고 유럽 상품을 보고 좋아하는 척도 해줬다. 그러나 캘리컷의 이슬람 상인들은 아니었다. 동아프리카에서 인도양에 이르는 거대한 무역 루트를 독점하고 있던 이들에게 포르투갈인들의 등장은 전혀 달가운 일이 아니었다. 게다가 십자군 전쟁의 기억까지 선명한 이슬람인들이다. 이슬람 상인들은 기어이 사모린과 포르투갈인들을 갈라놓았고 포르투갈과 캘리컷의 무역협정 체결을 막는데 성공한다. 바스쿠 다 가마는 인도 항로를 개척한 것에 만족하고 포르투갈로 돌아와야 했다. 바스쿠 다 가마에게 모르는 게 있었으니 변화한 바람의 방향을 알지 못했다는 것이다. 8월 말이 되자 아프리카에서 인도 쪽으

104 바다의 역사

로 바람이 불기 시작했고 이들은 계절풍을 맞받아치며 거슬러 가야 하는 처지가 됐다. 예정했던 귀환시기가 늦어졌고 이 동안 괴혈병 등으로 선원들 중 3분의 2 이상이 사망한다. 네 척의 배로 출발했던 바스쿠 다 가마의 선단은 두 척으로 준 채로 리스본으로 돌아왔다. 그러나 그 두 척에 실려 있던 향신료만으로도 이미 수지맞는 장사였다. 총 원정비용의 60배나 되었으니 마누엘 1세의 입이 귀에 걸린 것은 당연했다. 바스쿠 다 가마의 인도 항로 개척은 지중해 무역의 시대가 끝나는 상징적인 사건이었다. 그리고 26개월이라는 초유의 항해 기록 수립은 그대로 바스쿠 다 가마의 영광이 되었다. 바스쿠 다 가마의 항로는 370년 후 수에즈 운하가 개통되기 전까지 모든 선박이 운행하는 표준 경로가 된다.

마누엘 1세는 곧바로 2차 항해를 지시한다. 가는 길을 알았으니 당연히 선단의 규모가 커졌다. 13척으로 이루어진 함대가 꾸려졌고 수백 명의 전투 병력과 대포 등 다량의 무기가 탑재된다. 2차 함대의 지휘자는 페드루 카브랄로 귀족 출신이었고 마누엘 1세의 총애를 한 몸에 받는 인물이었다. 1500년 3월 카브랄의 함대가 리스본을 출항한다. 함대는 출항 한 달 만에 잭팟을 터트린다. 풍랑으로 바스쿠 다 가마의 경로보다 조금 더 서쪽으로 들어섰다가 얼결에 그만 브라질을 발견해버린 것이다. 4월 22일의 일이다. 카브랄은 지금의 포르투 세구루 해안에 해당하는 곳에 포르투갈의 문장이 새겨진 나무 십자가를 세워 일랴 지 베라 크루스(진정한 십자가의 섬)라 명명한 뒤 해안을 탐사했다. 카브랄의 함대가 브라질에 머문 것은 열흘 정도다. 충분히 육지를 탐사하지 못했던 것은 중요한 미션이 이들에게 내려져 있었기 때문이다. 무력 침공이다. 그러니까 출발할 때부터 이들은 전쟁 준비를 하고 항구를 떠나온 것이다. 바스쿠 다 가마가 인도를 떠날 때 캘리컷 국왕은 그에게 편지 한 통을 주었다. 포르투갈의 왕에게 보내는 서신이었는데 거기에는 이렇게 적혀 있었다. "우리는 계피, 생강, 후추를 충분히 생산하고 있다. 나는 이것들을 황금, 은, 진주와 바꾸고 싶다."

편지를 읽은 마누엘 1세의 표정이 어둡게 변했다. 포르투갈에는 황금, 은, 진주는 물론이고 이렇다 할 무역가치가 있는 상품도 없었다. 판돈도 없이 노름판에 끼어 앉는 꼴이랄까. 결국 인도양 무역에 포르투갈이 끼어들기 위해서는 무력을 사용하는 것 말고는 방법이 없었던 것이다. 캘리컷 국왕 사모린은 이번에도 역시 이유는 알 수 없으나 카브랄을 친절하게 대했다. 교역소 건설을 허락받았지만 이번에도 이슬람 상인들이 문제였다. 이들은 유럽인들을 다시 보는 날에는 말로만 끝내지 않기로 작정을 한 상태였다. 기습 공격으로 카브랄의 선단은 캘리컷에서 철수하는 수모를 맛본다. 그러나 무력 사용은 애초부터 포르투갈의 계획이 아니었던가. 이들은 바로 보복에 들어갔고 캘리컷을 무차별 포격한 다음 이슬람 상인들의 배를 나포하고 사로잡은 선원들을 처형해 버린다. 아무리 사모린이 우호적이라 해도 자국 내에서 외국인이 멋대로 전투 행위를 벌인 것은 권위에 대한 심각한 도전이다.

포르투갈과 캘리컷의 관계는 최악이 된다. 카브랄의 다음 목표는 캘리컷 바로 아래에 위치한 코친이었다. 뜻밖의 상황이 펼쳐진다. 캘리컷과 경쟁관계에 있던 코친이 카브랄을 반갑게 맞으며 대뜸 무역협정을 체결해준 것이다. 뜻밖의 소득을 얻은 카브랄은 낭보를 전할 생각에 마음이 급해진다. 전투와 폭풍으로 잃은 배는 모두 9척. 살아남은 네 척

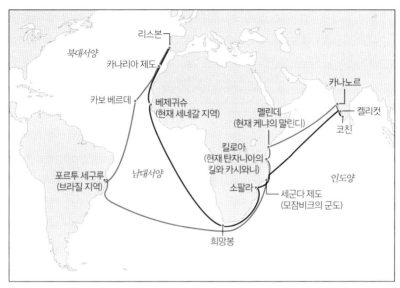

카브랄의 항해 경로. 좀 비정상적으로 서쪽으로 멀리 가긴 했다.

의 포르투갈 함대가 귀향한 것은 1501년 6월 23일이었다. 배에 싣고 온 향신료는 손실을 상쇄하고도 남는 이익을 마누엘 1세에게 안겨주었다. 자신감이 붙은 마누엘 1세는 계속해서 항해를 명령했고 1502년 3차와 4차 항해가 이어진다. 4차 항해의 지휘자는 다시 바스쿠 다 가마로 이때부터 포르투갈의 무역 방식은 본격적으로 거칠어지기 시작한다.

잠시 숨을 돌리고 마누엘 1세 이야기를 좀 하자. 이 사람은 포르투갈 영욕의 역사를 동시에 쓴 인물인데 인도 항로 개척이 그의 밝은 치세라면 유대인 추방은 그의 어두운 역사가 되겠다. 일단 무지하게 운이 좋은 인물이다. 좋은 집안에서 태어나(왕실, 브라간사 공작 가문과 함께 당시 포르투갈 3대 명가) 왕의 사촌이자 처남의 신분이었고 주앙 2세에 대한 반역 사건에 휘말렸지만 누나가 왕비였기에 목숨을 부지할 수 있었다. 주앙 2세의 선처는 마누엘을 자신의 아들인 아폰수 다음 순위 왕위 계승자로 지목하는 데까지 이어졌다. 그리고 아폰수가 낙마 사고로 사망하면서 왕위 계승자가 된 끝에 결국 포르투갈의 왕위에 오르는 행복을 맛보았으니 정말이지 운수 대통한 사나이다. 노력이나 재능보다 운으로 인생이 풀려나간 마누엘 1세는 이제 에스파냐의 왕관까지 넘보기 시작한다. 당시 에스파냐 부부왕, 페르난도와 이사벨은 슬하에 아들 하나와 딸 넷을 두고 있었다. 아들이 있는데도 그런 꿈을 꾼 것을 보면 자신의 운을 과다하게 믿었던 모양이다. 방식은 오래 전 큰아버지 아폰수 5세가 이사벨과의 결혼으로 카스티야를 먹어버리려 했던 것을 그대로 답습했다. 마침 이름까지 같았던 에스파냐 부부왕의 장녀인 이사벨과의 결혼을 추진한 것이다. 이사벨과의 사이에 난 아이가 혹시라도 에스파냐 왕위에 오르면 자신은 포르투갈과 에스파냐를 통합한 왕조의 시조가 된다. 가톨릭 부부왕은 결혼조건으로 '유대인 추방'을 내걸었다. 유대인 추방이 어떻게 혼사의 조건이 될 수 있냐고? 이야기가 좀 길다. 그러나 꼭 알고 가야 하는 얘기다. 1492년은 카스티야와 아라곤이 합쳐진 해이자 콜럼버스가 신대륙을 발견한 해이며 한편으로 에스파냐에서 유대인들을 추방한 사건이 벌어진 해다. 통합 왕국을 세운 부부왕은 유대인들에게 가톨릭으로 개종하거나 에스파냐에서 떠나라는 '알함브라 칙령'을 발표했다. 대체 유대인들이 무슨 짓을 했기에? 어딜 가나 미움 받는 데는 탁월한 소질을 가진(그러니까 유능했다는 얘기다) 유대인들에 대한 이야기는 여기서 또 한참을 거슬러 올라간다.

유대인들이 이베리아 반도에 들어온 것은 2세기 무렵이다. 서고트족이 이베리아 반도를 지배하던 시절이었는데 대부분 지식인, 수공업자, 상인, 의사들이었던 유대인들은 경제적인 이익을 달성하는데 남달랐고 그 결과 서고트족 사회에서 질시와 비난의 대상이 된다. 천덕꾸러기 신세였던 이들이 이슬람의 이베리아 반도 침공을 반긴 것은 당연한 일이었다. 이슬람은 자신들을 아브라함의 자손으로 인정했으며 서고트족처럼 구박도 하지 않았다. 이슬람 치하에서 유대인들은 특유의 재능을 살려 왕실의 재정을 관리했고 세금 업무를 처리했다(이 문제는 나중에 노동자와 서민들의 증오를 불러오게 된다. 왜? 물론 직무이기는 했으나 세금을 걷으니까). 그러나 좋은 시절은 오래가지 않았다.

1055년부터 1269년까지 이베리아 반도를 통치했던 알 모라비데 족과 알 모아데스 족이 이슬람의 정통 신앙주의를 강요하기 시작했고 신앙의 자유를 지키기 위해 유대인들은 북쪽 가톨릭 영토로 피신하는 처지가 된다. 가톨릭 왕국 내에서도 유대인들이 하는 일은 같았다. 재정과 세무 관련 업무를 하는 동안 유대인들은 같은 이유로 서민들의 미움을 받았고 페스트가 돌아 수백 명의 가톨릭 신자들이 죽어나가자 화풀이 대상이 되었으며 결국에는 개종 요구에 시달린 끝에 이베리아 반도를 떠나야 했다. 이 중 일부는 개종을 하고 이베리아 반도에 계속 머물렀는데 종교를 바꾼 이들을 콘베르소라고 불렀다(참고로 이슬람으로 개종한 가톨릭은 물라디, 가톨릭으로 개종한 이슬람은 토르나디소, 가톨릭과 이슬람의 경계 사이에 있던 사람들은 에니시아도, 딱히 입장을 밝히지 않고 이슬람 문화를 수용하며 살았던 가톨릭교도를 모사라베라고 한다. 에니시아도는 스파이라는 의미로도 쓰였는데 이들은 두 가지 언어를 자유자재로 구사할 수 있어 임무에 제격이었다). 한 번 밉상으로 찍히면 뭘 해도 다 미운 것이 세상 이치다. 개종까지 했지만 가톨릭교도들은 이슬람과의 전투에서 패하면 그게 다 전투에 참가한 콘베르소 때문에 신이 노해 그런 거라며 엉뚱한 화풀이를 했고 미움이 쌓이고 쌓인 끝에 본격적인 핍박에 나선다. 1391년의 유대인 대학살은 그 대표적인 사례다(유대인의 역사에 대학살이라는 용어처럼 자주 등장하고 친숙한 단어도 없을 것이다). 세비야에서는 4천여 명이 유대인이 살해당했고 코르도바에서는 2천여 명의 유대인이 불태워졌다. 가족의 험한 마지막을 지켜보던 이들은 수백 명 씩 집단으로 자살을 하기도 했다. 1478년 이베리아 반도 가톨릭 왕국들은 공동으로 종교 재판소를 설치한다. 정식 명칭이 '성스러운 심판의 재판소'인 이들의 권한은 막강하고 무지막지했다. 재판에 회부된 사람은 자신의 이단 행위를 고백해야 했고 고백하지 않으면 고문을 당했으며 그래도 자백하지 않으면 화형으로 처리됐다. 물론 대부분이 이슬람과 유대인이다.

기록에 따르면 31,912명이 산채로 불에 태워지는 형벌을 받았다. 사형이나 고문 등으로 죽은 사람의 수는 2백만 명 정도로 본다. 이단을 단죄하고 종교적 통일성을 유지하기 위해 만들어졌던 종교 재판소는 시간이 흐르면서 마녀 사냥의 도구로 성격이 변질된다. 종교 재판소 근무자들만 미쳐 날뛴 게 아니다. 일반인들도 이 광기의 바람에 기꺼이 올라탔다. 이베리아 반도 가톨릭 지구 전역에 약 2만 명의 이단 심문관이 있었는데 이들은 주기적으로 할당받은 지구를 방문하여 이단 행위를 적발하고 이단 신고를 받았다. 이 이단 신고는 사적인 원한을 갚기 위한 방법으로 자주 활용되었고(피고는 결코 자신을 고발한 사람이 누구인지 알 수 없었다) 고발과 밀고가 조장되는 가운데 사회 전반에 걸쳐 불신이 팽배해졌다. 대화는 사라졌고(내 말을 오해할라) 학문은 위축되었으며(내 책을 누가 어떻게 해석할지 불안해서) 토론은 자취를 감추었다(말로 지면 앙갚음으로 고발할지 몰라서). 한마디로 활력을 잃은 사회가 된 것이다 그리고 그 절정이 1492년 3월 가톨릭 부부왕의, 개종하지 않은 유대인 추방이었다.

　1492년 에스파냐의 총인구는 대략 700만 명으로 유대인과 개종자는 50만 명 정도였다. 문제는 이 50만 명이 농사나 짓고 날품팔이나 하는 사람들이 아니라 고급 인력이었다는 사실이다. 이들은 대부분 도시에 거주했고 사실상 에스파냐 사회를 운용하는 실핏줄 같은 존재였다. 이들이 떠나면서 세비야의 집세는 절반으로 떨어진다. 빈 집이 속출하니 당연한 결과다. 바르셀로나 시영市營 은행은 파산했다. 유대인들은 은행가이자 상인이자 고리대금업자였고 이들이 빠져나가자 돈줄이 마르고 운영체계가 헝클어져 버린 것이다. 의료의 질도 폭락했다. 에스파냐에 있던 의사가 대부분 유대인이었던 까닭이다. 가장 심각한 타격을 입은 것은 아이러니하게도 추방을 주도한 왕실이었다. 품위에 맞지 않는다고 귀족들이 꺼리던 것이 돈과 관련된 업무였는데 재정을 책임질 사람이 없었으니 왕실이 제대로 굴러갈 리 만무했다. 재능과 서비스가 썰물처럼 빠져나간 이 사태는 브레인 유출이라고 해도 해도 과언이 아니었다. 이들을 받아들인 아랍 본토에서는 딱 한 마디로 이 상황을 요약했다. "우리를 부자로 만들기 위해 에스파냐는 가난을 선택했다." 추방당한 유대인들의 발길이 향한 곳은 아랍 본토만이 아니었다. 그에 못지않은 숫자가 오스만 튀르크 제국, 포르투갈, 네덜란드로 삶의 터전을 옮겼다. 당시 에스파냐의 유대인 공동체는 포르투갈의 주앙 2세에게 사절단을 파견해 이민자들을 받아달라고 요청했다. 아무래도 지리상으로 가깝다보니 이주가 편했기 때문이다. 무슬림과 싸우랴, 수복한 영토 지키랴, 사회 안정시키랴 할 일이 많았던 주앙2세는 흔쾌히 사절단의 요청을 받아들였다. 그것도 꿩 먹고 알 먹는 방식으로. 주앙 2세는 막대한 돈을 받고 부유한 유대인 600가구의 포르투갈 정착을 허용했다. 약간의 돈을 내면 10개월 간 포르투갈 체류를 허용했다. 이렇게 포르투갈로 들어온 유대인들은 상업과 금융, 법률과 행정에서 포르투갈의 토대를 닦았다. 이런 포르투갈의 행동이 에스파냐의 눈에 곱게 비칠 리 없었다. 고생 하라 쫓아냈는데 안락하게 정착을 하니 얼마나 미웠겠는가. 이것이 마누엘 1세와 이사벨의 결혼조건으로 유대인을 추방하라 요구한 이유였던 것이다. 마누엘 1세는 에스파냐의 왕위가 탐난 나머지 현실감각을 완전히 잃어버렸다. 1496년 마누엘 1세는 기어이 유대인 추방령에 서명을 하고 만다. 포고령이 떨어지고 유대인과 무슬림은 10개월 이내에 포르투갈을 떠나야 했다. 남고자 한다면 개종하라, 이것이 마누엘 1세가 내건 조건이었고 수많은 유대인이 개종을 거부하고 다시 방랑의 길로 들어선다 (유대인들은 시련도 선택한 민족에게 신이 주신 선물이라 굳게 믿는 이상한 민족성이 있다).

마누엘 1세의 행운은 이사벨과의 결혼 후에도 이어진다. 왕위 계승일 순위였던 후안 왕자가 열아홉 꽃다운 나이에 요절해버린 것이다. 이제 진짜 이베리아 반도 통합 왕조의 꿈이 현실로 다가오는 것 같았다. 그러나 이때부터 운은 마누엘 1세를 외면하기 시작한다. 이사벨이 출산 후 산욕열로 사망했고 이사벨이 낳은 아이마저 얼마 후 엄마 뒤를 따랐다.

마누엘 1세 인생 최초의 양대 불운이었다. 그러나 마누엘 1세는 여전히 미망에서 깨어나지 못했다. 그는 부부왕의 셋째 딸인 마리아를 다시 아내로 맞았다. 둘째 딸은 이미 유부녀가 된 상태였기 때문이다. 마리아와의 사이에 여덟 명의 아이가 태어났지만 에스파냐의 왕위는 그 아이들 중 누구에게도 돌아가지 않았다. 부부왕의 둘째 딸인 후아나(후안의 여성형)와 그의 아들인 신성로마제국 황제 카를 5세가 연달아 그 자리를 차지한 것이다. 이 이야기는 나중에 다시 나온다.

제국이 망가지는 경로는 다양하지만 이유는 대부분 하나다. 그것은 포용과 관용과 실용의 실종이다. 이 3용은 고대 로마 제국부터 전해져 온 제국의 기본 옵션이었다. 이것이 사라지는 순간 제국은 힘을 잃고 빛이 바래며 쇠락해간다. 유대인을 쫓아낸 것으로도 부족해 포르투갈인들은 가톨릭으로 개종한 유대인들을 핍박하기 시작했다. 그리고 그 일은 참으로 탐욕스럽게 이루어졌다. 개종한 유대인들은 여전히 자산가였고 은행가였고 금융가였고 고리대금업자였고 부자였다. 이들이 죽어 없어지면 자신들이 지고 있는 빚도 사라진다. 포르투갈인은 신앙의 순수성을 지킨다는 명분을 앞세워 유대인 학살극을 벌인다. 사건은 한 콘베르소 남자가 십자가에 못 박힌 예수 상에서 발산되는 빛이 신성의 개입이 아니라 자연적인 원인이라 주장하면서 시작됐다. 남자는 성난 여성 신자들로부터 몰매를 맞아 죽은 뒤 교회 밖으로 끌려 나왔고 때 맞춰 가톨릭 성직자들은 콘베르소를 비난하는 설교로 학살을 선동했다. 1506년 4월 19일 시작돼 사흘간 지속된 이 학살에서 죽은 유대인 개종자들은 4천 명에 달했다. 종교적 신념은 핑계였다. 대부분은 개인적인 이유로 학살에 나섰고 학살 자체가 좋아 나선 망나니들도 수두룩했다. 사태는 마누엘 1세가 개입하고서야 끝난다. 그는 살인과 약탈을 자행한 주동자들을 체포해 엄벌에 처했다. 그러나 마누엘 1세의 분노는 자가당착이었다. 그 스스로 개종하라, 싫으면 떠나라 관용을 내동댕이 쳐놓고 민중이 얌전하기를 바랐으니 그보다 심한 모순이 없었다. 학살 전 포르투갈 인구 중 유대인 비율은 20% 가까이 되었다. 그리고 학살 후 유대인 숫자는 한자리로 급감했다. 왕과 포르투갈인들을 신뢰할 수 없었던 유대인들은 죄다 외국으로 빠져나갔다. 1506년 4월은 그렇게 잔인하게 지나갔고 포르투갈에도 망조가 들기 시작한다. 딱 에스파냐 유대인 사태의 판박이였다. 물론 포르투갈의 대항해 시대 주역 시절은 16세기 말까지 이어진다. 그러나 주역은 주역이되 쇠퇴하는 주역이었으며 포르투갈은 그 석양을 앞당기는데 스스로 앞장섰다. 1506년의 학살은 그 상징적인 의미로 더 이상 공존과 포용과 관용을 유지할 수 없는 나라로 포르투갈은 주저앉고 있었다. 현재 포르투갈에서는 해마다 1506년의 학살을 추념하는 행사를 열고 있다.

8.
포르투갈의 아시아 무역 네트워크 건설

포르투갈은 큰 나라가 아니다. 크기는 대한민국 정도이고 현재 인구도 1,000만 명 내외 다. 한참 뻗어나가기 시작한 때의 인구는 100만 명 안 팎이었다. 이 100만 명 중 대항해 시대의 패권을 유지하기 위해 국외로 나간 게 10만 여 명으로 이는 청년층의 35%를 차지했다. 이상한 사회 구조다. 그러나 안 나갈 수도 없었다. 동방 향료 무역을 독점하기 위해서는 반드시 해상권을 장악해야 했기 때문이다. 각 무역 기지마다 반드시 필수 소요 인력이 있었다는 얘기다. 포르투갈의 방식은 먼저 해외에 상업 교역소를 세우고 현지 토착민과 물물 거래를 하다가 본토에서 지원군이 오면 최신식 대포 등 무력을 앞세워 영토를 점령하는 방식이었다. 최대한 부드럽게 썼지만 단순하게 말하면 폭력의 제국주의였다. 포르투갈 함대는 주요 해로를 지키고 있다가 타국 상선이 나타나면 가로막고 카르타스라는 통행증을 팔아먹었다. 통행증이 없는 선박은 습격했고 불태워버렸다. 공인받은 해적질이었다. 그 본격적인 시작이 바스쿠 다 가마가 책임자로 나섰던 4차 항해다.

캘리컷에 도착하기 전 바스쿠 다 가마 함대는 메카를 왕복하는 순례선 미리 호를 나포했다. 미리 호는 아랍 세계에서 손꼽는 부호들과 부유한 승객들이 탄 배였다. 승객들은 몸값을 내겠다고 했지만 바스쿠 다 가마가 부른 액수는 부호들도 기절할만한 액수였다. 협상 결렬. 바스쿠 다 가마는 배의 화물을 모조리 빼앗은 후 미리 호에 불을 지르고 자신들의 함선으로 돌아온다. 승객들이 결사적으로 화재를 진압하자 바스쿠 다 가마는 다시 미리 호에 올라 또 다시 불을 지르고 배가 반쯤 불에 탈 때까지 승객들이 소화 작업을 하지 못하도록 감시했다. 죽기 살기로 선원들에게 달려든 승객들은 잔인하게 살해당했고 싸울 능력이 없었던 사람들은 불에 타 죽었다. 살기 위해 바다로 뛰어든 승객들은 선원들이 작은 배를 타고 다니며 작살로 찍어 죽였다. 여자도 아이도 노인도 예외는 없었다. 300여 명이 그렇게 바다 한 가운데에서 죽었다. 바스쿠 다 가마는 모든 이유를 1500년에 있었던 캘리컷 상관商館 습격 사건의 복수로 돌렸다.

미라 호 사건은 예고편이었다. 캘리컷에 도착한 바스쿠 다 가마는 국왕 사모린에게 상관 습격 사건의 사과와 정당한(이라고 쓰고 억지라 읽는다) 피해 보상 그리고 이슬람 상인의 추방을 요구했다. 사모린은 어이가 없었다. 상관 습격 사건은 이슬람 상인들과 포르투갈인들 사이에서 벌어진 일이었고 오히려 애꿎은 캘리컷이 대포 세례를 받았으니 사과는 자기가 받고 보상도 캘리컷이 요구하는 것이 마땅했기 때문이다. 사모린도 알았다. 이들이 사과와 보상을 노리고 온 것이 아니라 트집을 잡고 시비를 걸기 위해 캘리컷을 다시 방문한 것이라는 사실을. 그러나 사모린도 국왕으로서 지켜야 하는 존엄이 있었다. 바스쿠 다 가마의 요구를 다 들어주었다가는 통치에 누수가 생긴다. 게다가 바스쿠 다 가마는 캘리컷 현지 어민들을 인질 삼아 억류하고 있었다. 사모린은 일단 어민들의 석방부터 요구한다. 그게 바스쿠 다 가마가 듣고 싶었던 말이었다. 협상 결렬, 뭔가 대화가 잘 안 됨 뭐 이런 결론이 나오기를 기다리던 바스쿠 다 가마는 회심의 미소를 지었다. 배로 돌아온 바스쿠 다 가마는 항구에 정박해 있던 이슬람 함선들을 나포하고 선원들을 도살했다. 그리고 이들의 팔다리와 귀와 코를 신체에서 분리한 뒤 사모린에게 보냈다. 사모린이 뭔가 조치를 취할 시간도주지 않았다. 바로 무차별 포격을 퍼부어 캘리컷 시가지를 초토화 시켰다. 애초에 대화와 협상 같은 건 염두에 없었다.

바스쿠 다 가마는 6척의 함선으로 항구를 봉쇄한 뒤 다음 목적지로 출발했다. 소문을 듣고 겁을 집어먹은 인도 도시들은 자진해서 포르투갈의 지배 아래 들어오겠다고 약속했으며 배에 향신료를 가득 실어주는 것으로 이들의 무자비를 달랬다. 캘리컷으로 돌아온 바스쿠 다 가마는 사모린과 협상을 시작한다. 협상이라기보다는 어떤 이익을 보장하겠느냐는 요구에 가까웠지만. 그러나 사모린은 예상보다 훨씬 강단이 있는 인물이었고 바스쿠 다 가마가 없는 동안 전혀 계획을 짜고 있었다. 사모린은 바스쿠 다 가마를 유인해 살해하려 했고 바스쿠 다 가마는 아슬아슬하게 위험에서 탈출한다. 바스쿠 다 가마는 사로잡은 승려들을 난도질해 사모린에게 보내는 것으로 보복을 예고한다. 사모린은 인근의 동조 세력과 이슬람 배들을 끌어 모아 포르투갈 함대와 일전을 벌이지만 캘리컷 해전에서 참담하게 패배한다. 그러나 사모린은 끝끝내 저항 의지를 굽히지 않았고 결국 바스쿠 다 가마의 함대는 목표했던 캘리컷과의 (불평등) 조약을 체결하지 못한 채 귀환한다. 1503년 7월 리스본으로 돌아온 함대가 싣고 온 것은 후추 1,700톤, 계피와 정향 그리고 육두구 400톤 등 엄청난 양의 향신료로 정상적인 교역이 아닌 포격과 협박, 약탈의 결과물이었다. 바스쿠 다 가마는 이후 포르투갈의 해양 무역 정책의 가이드라인이 될 중요한 보고서를 작성한다. 그가 보기에 우호세력인 코친 등에 마련해놓은 거점은 사모린의 위협에 매우 취약했다. 해서 바스쿠 다 가마는 거점마다 요새를 건설하고 수비대를 파견한 뒤 강력한 함대가 주둔해 그 지역을 지배해야 한다고 주장했다. 포르투갈 인구의 10%인 10만 명이 해외로 나가야 했던 사연이다. 이후 포르투갈의 무역 정책에는 일정한 패턴이 생긴다. 요새를 건설해 교회나 상관을 만들어 놓으면 반드시 현지인들과 분쟁이 생긴다. 이때 주둔 포르투갈 병사들이 물리적인 피해를 입거나 건물이 손상을 입으면 이를 명분으로 도시를 불바다를 만드는 것이 그 필드 매뉴얼이었다. 기본 틀이 잡혔으니 이제 선수가 교체될 차례다.

바스쿠 다 가마의 배턴을 이어받은 것은 알부케르크라는 인물이다. 군인이자 선원으로 인도 총독을 지냈으며 아시아에 포르투갈 제국을 건설한 전설의 사나이다(한 일에 비해 지명도는 매우 낮다). 알부케르크는 라틴어에 능통했던 지식인으로 그가 존경했던 인물은 알렉산드로스와 카이사르였다. 둘 다 정복의 달인이니 알부케르크의 성향이 어땠는지는 충분히 짐작이 간다. 포르투갈 국내에서 알부케르크의 존재감은 미약했다. 그의 진가는 바다로 나가면서 발휘된다. 한바탕 인도를 들쑤시고 돌아오긴 했지만 바스쿠 다 가마가 지적한 대로 해외 거점은 불안했다. 당장만 해도 코친을 캘리컷으로부터 보호해야 하는 게 포르투갈의 급선무였고 알부케르크는 이 중차대한 임무를 띠고 출정한다.

1503년 알부케르크는 코친에 요새를 세우고 수비대를 주둔시켰다. 포르투갈이 아시아에 건설한 최초의 요새였으며 알부케르크는 또 다른 우호 도시인 퀼론에 상관을 설치하고 귀국한다. 1505년 3월 포르투갈 왕실은 초대 인도 총독으로 알메이다를 파견한다. 알메이다는 단순한 총독이 아니라 부왕副王이라는 높은 지위를 부여 받은 인물이다. 주요 임무는 아프리카 동안과 인도 말라바르 연안에 요새를 건설하고 인도양의 상품 거래를 통제하는 것이었다. 목적은 오스만과 맘루크의 세력을 약화시키는 것. 알부케르크에게는 다른 중요한 임무가 주어지는데 아라비아 반도 남쪽에 위치한 소코트라 섬과 호르무즈 만 앞의 호르무즈 섬에 요새를 건설하는 일이었다. 소코트라는 인도와 아라비아 사이의 교역에 개입할 수 있는 요충지, 호르무즈 섬은 중동과 중앙아시아로 들어가는 길목이다.

소코트라와 호르무즈 섬에서 임무를 완수한 알부케르크는 마누엘 1세의 명에 따라 알메이다 총독의 후임으로 인도 총독에 취임한다. 그의 머릿속에 있는 구상은 무슬림 상인들이 장악하고 있는, 아시아에서 유럽으로 이어지는 무역 네트워크를 붕괴시키고 그 자리를 포르투갈이 차지하는 것이었다. 아시아에 바다를 터전으로 한 상업 제국을 건설하는 것, 그것이 알부케르크의 꿈이었던 것이다. 끼어야 할 첫 번째 단추는

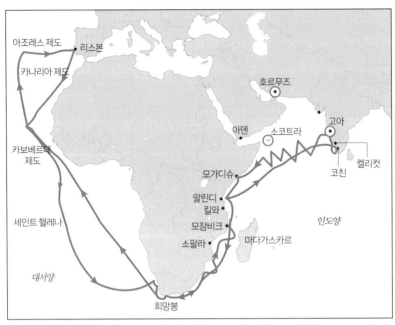

알부케르크의 업적 지도. 왼쪽 동그라미 작은 섬이 소코트라다. 위쪽 동그라미는 호르무즈 섬 그리고 오른쪽 동그라미는 고아.

캘리컷 위쪽의 전략적 요충지 고아였다. 남북을 연결하는 이 풍요로운 도시의 지배권을 놓고 북쪽의 비자푸르 왕국과 남쪽의 비자야나가르 왕국이 수십 년 째 혈투를 벌이는 중이었고 알부케르크 당시 패권자는 비자푸르 왕국이었다. 알부케르크는 도시의 성격부터 분석했다. 소수의 무슬림이 다수의 힌두교인을 지배하는 형태였다. 지배층과 피지배층이 대립하고 있는 상황은 제 3자의 공격 앞에 언제라도 무너질 수 있는 위태로운 것이었다. 1510년 2월 알부케르크는 짧지만 강렬한 공격을 퍼부었고 다수의 힌두교도들은 자진해서 성문을 열었다. 포르투갈 제국의 기반이 되는 도시를 만들고자 했기 때문에 알부케르크는 고아에서 약탈과 파괴를 엄격하게 금지했다. 대신 종교적 관용과 세금 감면으로 알부케르크는 도시를 점령이 아닌 '통치'하려고 했다. 5월 들어 비자푸르 왕국의 반격이 시작된다. 이번에는 성안의 무슬림이 입성 당시 힌두교인들의 역할을 했다. 무슬림들이 성문을 열었고 도시 안의 작은 요새로 내몰린 알부케르크군은 자국의 군사시설만 겨우 파괴한 후 가까스로 도시에서 탈출한다. 기상 조건도 알부케르크를 도와주지 않았다. 폭풍우와 장마로 바다로 빠져나가지 못한 포르투갈군은 고아 섬 입구의 작은 항구에서 머물러야 했고 우기가 끝나는 8월에야 항구를 빠져나올 수 있었다. 함대를 정비한 알부케르크는 11월 다시 고아로 돌아왔고 도시 함락에 성공한다. 무슬림에 대한 관용은 없었다. 복수심에 불타던 알부케르크는 무슬림의 흔적 자체를 도시에서 지워버렸다.

알부케르크의 다음 목표는 말레이 반도의 남단에 위치한 말라카였다. 아시아 최대의 국제도시였던 말라카에는 여러 나라에서 몰려온 다양한 인종들이 살았고 도시 인구는 12만 명에 달했다. 알부케르크는 18척의 함선만으로 도시를 점령하는 기염을 토한다. 말라카에 입성한 알부케르크는 즉각 거대한 요새를 건설했지만 무슬림에게는 우호적으로 대했다. 다수가 무슬림이라 고아와는 상황이 달랐던 것이다. 말라카 다음은 몰루카다. 1512년 알부케르크는 몰루카에도 포르투갈 깃발을 꽂는 것으로 바스쿠 다 가마가 인도에 도착한지 14년 만에 아시아 무역 제국의 네트워크를 완성했다. 알부케르크의 마지막 목표는 아덴이었다. 그러나 신은 더 이상 알부케르크의 손을 들어주지 않았다. 무슬림 세력은 죽기 살기로 저항했고 알부케르크는 거점인 고아로 돌아오는 도중 숨을 거

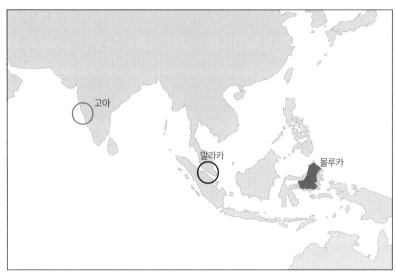

알부케르크의 업적 지도 2탄이다. 고아를 확보한 후 계속해서 동쪽으로 나아가 말레이시아를 거쳐
인도네시아까지 이르렀다. 파란 동그라미가 고아, 검정 동그라미가 말라카, 파란색 면이 몰루카다.
남은 것은 이제 일본과 중국이지만 그 역할은 포르투갈이 아니었다.

둔다. 그러나 바스쿠 다 가마가 밑그림을 그리고 알부케르크가 초석을
놓은 이 해상 무역 제국은 100년간 이어지며 포르투갈에 부와 명예를
가져다준다.

9.
합스부르크, 에스파냐를 차지하다

포르투갈이 쭉쭉 뻗어나가는 사이 에스파냐는 정치적 격동기를 통과하고 있었다. 에스파냐 부부왕의 차녀인 후아나와 그의 아들 카를로스 1세로 왕권이 이어지는 가운데 대륙 명가들의 힘겨루기가 한창 진행 중이었던 것이다. 후아나의 별명은 광녀, 즉 미친 여자다. 그런데 왜 그게 별명인지 모르겠다. 그녀는 실제로 미쳐있었기 때문이다. 후아나는 에스파냐 역사상 가장 비극적인 여인으로 수많은 예술 작품의 소재가 되기도 한 인물이다. 그녀는 사랑 때문에 미쳤고, 미쳤다는 이유로 여왕 자리를 박탈당했으며 아버지에게는 왕위를 빼앗기고 아들에게는 버림받았다. 비극은 후아나가 신성로마제국의 황제 막시밀리안 1세의 아들 펠리페와 결혼하면서부터 시작된다. 미남 왕이라고 불린 펠리페는 얼굴값을 제대로 하는 남자였고 바람기가 잘 날이 없었다. 자신의 시녀와 함께 침대에 누운 남편의 모습은 후아나를 충격에 빠뜨렸다. 후아나는 남편 때문에 항상 불안했고 펠리페는 그 불안을 반드시 증명했다. 질투에서 시작된 후아나의 병증은 나중에 증오를 거쳐 우울증으로 이어진다. 카스티야의 왕인 어머니가 죽자 후아나는 여왕으로 즉위한다. 남편인 펠리페는 정신 이상 증세가 있는 아내 대신 자신이 카스티야의 왕이 될 욕심을 부린다. 후아나의 아버지인 아라곤의 페르난도가 섭정을 맡자 펠리페는 노골적으로 반발하며 영국의 헨리 7세와 조약을 체결해 자신의 편으로 끌어들인다. 카스티야에서도 일부 귀족들을 포섭해 장인의 퇴진을 압박하며 나름 성공 직전까지 갔던 펠리페는 그러나 열병으로 급사한다. 후아나의 여왕 즉위 2년 차인 1506년이었다.

남편의 사망에 후아나는 남아있던 정신이 완전히 나가 버린다. 후아나의 측근이었던 한 수도사는 후아나를 달래기 위해 열심히 기도를 하면 펠리페가 14년 후 부활할 수 있다고 달랬다. 정신을 좀 차리라는 이야기였는데 후아나는 이걸 진짜라고 믿고 남편의 시신을 매장도 하지 않은 채 관에 넣고 토르데시야스의 고성古城에 은둔해 버린다(자의적으로는 은둔, 그녀의 아버지 페르난도 입장에서는 연금). 관을 땅에 매장 하지 않은 것은 유럽의 보편적 관습이기도 했다. 레오나르도 다 빈치나 나폴레옹 보나파르트도 사후 매장은 하지 않았는데 현재 파리의 앵발리드에 있는 나폴레옹 영묘 역시 이런 관습 때문에 여태까지 보존되고 있다. 소문이 이상해진다. 후아나가 밤마다 펠리페의 시신과 사랑을 나눈다는, 약간 공포물이었다. 후아나는 이제 씻지도, 옷을 갈아입지도 않았다. 이렇게 카스티야의 왕은 명목만 왕으로 1509년에 시작해 1555년까지의 기나긴 연금 생활을 보내게 된다. 그런데 이게 왜 격동기냐고? 후아나와 펠리페의 결혼은 에스파냐와 합스부르크 가문의 동맹이었고 이 일로 나중에 합스부르크 가문은 에스파냐라는 제국을 상속받기 때문이다.

에스파냐와 합스부르크의 동맹을 불러 온 것은 프랑스의 급부상이었다. 유럽에서 가장 풍요로운 땅을 차지하고 있으면서도 프랑스 왕권은 취약하기 그지없었다. 반면 대제후인 앙주 백작은 프랑스 남서부 대부분을 차지하는 아키텐의 공작이자 노르망디의 공작인 동시에 심지어 잉글랜드의 왕이었다(당시 영국 왕은 프랑스 왕의 신하). 역시 대제후인 부르고뉴 공작은 벨기에와 네덜란드의 통치자로 엄청난 경제력을 가지고 있었다. 프랑스 왕보다 넓은 영토를 가진 앙주와 재정이 풍부한 부르고뉴 앞에서 프랑스 왕은 위축될 수밖에 없었다.

　상황이 180도 변한 것은 백년 전쟁을 거치면서다. 민중들 사이에서 자신이 프랑스인이라는 자각이 생겼고(이것은 영국도 마찬가지) 루이 11세는 민중들이 가진 대영주들의 탐욕과 권력 남용에 대한 반감을 이용하여 귀족들의 기세를 누르고 왕권을 강화하기 시작한다. 루이 11세가 키워놓은 왕권과 국력을 기반으로 이탈리아 침공을 개시한 게 후임자인 샤를 8세다. 1494년부터 1559년까지 66년간 8차례에 걸쳐 전개된 이른바 이탈리아 전쟁으로 샤를 8세부터 앙리 2세까지 모두 4명의 프랑스 왕이 참전한 전쟁이었다(베네치아 공화국과 잉글랜드, 스코틀랜드 등도 참전했으며 프랑스의 동맹으로 오스만 제국까지 참전한 당시 지중해 – 유럽 세계의 관점에서 보면 세계 대전). 샤를 8세의 도발은 신성로마제국과 교황에 대한 노골적이 도전이었다. 전통적으로 신성로마제국의 황제는 이탈리아와 독일을 지배하고 있었고 교황은 이탈리아 중부를 차지하고 있었기 때문이다. 샤를 8세가 이탈리아를 타고 남쪽으로 내려가자 이번에는 에스파냐에 비상벨이 울린다. 에스파냐 역사에서 다뤘지만 이탈리아 남쪽 나폴리 왕국은 아라곤의 왕 페르난도 2세의 영토였기 때문이다. 나폴리가 한때 프랑스의 영토였다는 것이 샤를 8세의 명분이었지만 그런 식으로 하자면

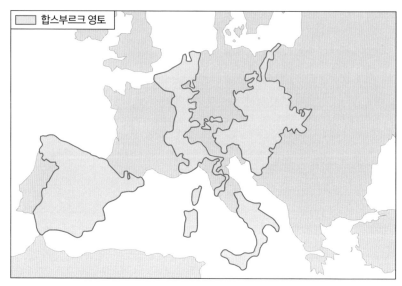

카를 5세 당시 합스부르크 제국의 영역. 백작으로 가문의 지위를 시작했고 스위스 취리히의 작은 성인 합스부르크(매의 성이라는 뜻)에서 미약하게 출발한 이 가문은 300년 만에 유럽의 절반을 차지하는 엄청난 성공을 거둔다.

모든 나라는 다 예전의 자기 영토였다는 이유로 매일 전쟁을 해야 한다. 그냥, 핑계였다. 어쨌거나 이해를 침해당한 에스파냐와 신성로마제국은 프랑스를 막기 위해 동맹을 체결하는데 그 방법으로 동원된 것이 전통적인 결혼 동맹이었고 그 당사자들이 후아나와 펠리페 그리고 조기 사망한 왕자 후안과 막시밀리안 황제의 딸 마르가레테였던 것이다.

끊임없이 남편을 의심했지만 후아나는 펠리페와의 사이에서 여섯 명의 아이를 낳았다. 아들 둘에 딸 넷이었는데 꽤 성공적인 출산으로 두 아들은 나중에 신성로마제국의 황제가 되었고 네 딸은 각기 프랑스, 덴마크, 헝가리, 포르투갈의 왕비가 된다. 1516년 1월 에스파냐의 홀아비

왕 페르난도 2세가 사망하면서 정국은 요동친다. 대를 이을 후아나의 장남 카를에게 에스파냐 왕실은 회의적이었다. 카를이 벨기에에서 태어나 어린 시절을 브뤼셀에서 보냈고 엄격한 플랑드르 식 교육을 받았으며 당연히 에스파냐어도 하지 못했기 때문이다(반면 동생 페르디난트는 외조부인 페르난도가 키웠다. 에스파냐 식으로). 그러나 어머니인 후아나는 카를의 손을 들어주었고 상황은 종료된다. 카를은 에스파냐에서는 카를로스 1세로 왕위에 올랐고 1519년 카를의 할아버지 막시밀리언 1세가 사망하면서 신성로마제국 황제 자리까지 차지해 유럽에서는 카를 5세가 된다. 독일 왕이자 에스파냐의 왕이었고 오스트리아, 보헤미아, 시칠리아, 네덜란드 등의 왕국을 거느린 명실상부한 합스부르크 제국의 왕이 된 것이다(나중에 이 1세이자 5세 왕은 동생에게 오스트리아를 물려주고 아들인 펠리페 2세에게는 에스파냐를 물려준다).

10.
마젤란의 세계 일주

카를로스 1세이자 카를 5세의 재임 기간 중 가장 큰 사건이라면 독일의 마르틴 루터가 신호탄을 쏘아 올린 종교 개혁과 마젤란의 세계 일주를 꼽을 수 있겠다. 둘 다 세상을 완전히 바꾸어 놓은 빅 이벤트였고 그런 의미에서 카를의 시대는 세계사적 변곡점의 시대이기도 했다. 종교 개혁은 다른 책에서 다루기로 하고 일단 마젤란부터 알아보자. 페르디난드 마젤란은 역사상 가장 위대한 탐험가이자 16세기 초반 모험가들의 시대를 끝낸 인물이다. 지구가 둥글다는 것을 입증하면서 모험가들이 아닌 군인과 해적 그리고 선교사와 학자들이 그 자리를 대체했기 때문이다. 마젤란은 1480년 포르투갈 북서부 사브로사에서 태어났다. 그의 집안은 11세기 경 프랑스에서 이주해 온 기사 집안이었고 그의 아버지는 포르투갈 귀족 체제에서 네 번째 계급이었다. 열두 살 무렵 마젤란은 동생인 디에고와 함께 왕실에서 일했고 이때 처음으로 바다에 대한 관심을 갖게 된다. 그러나 주앙 2세의 뒤를 이은 마누엘 1세는 선왕의 시종이었다는 이유로 그를 탐탁지 않게 여겼고 해양 탐사의 기회에서 계속 제외되는 비운을 맛본다. 1505년 처음으로 대규모 탐험대에 합류하는 것으로 꿈을 이룬 마젤란은 포르투갈 무장상선대의 일원으로 향료 제도를 탐험했고 알부케르크의 부하로 동남아시아의 요충지인 말라카 정복에 참여한다. 이어 향료 제도라고도 불리는 몰루카 제도까지 진출하여 테르나테 섬 술탄의 자문관으로 일하며 인근 섬들에 대한 탐사에 몰두한다. 성격에 대해서는 상반된 증언이 전해지는데 모나고 차가운 성격으로 적이 많았다는 설과 부하를 아끼는 자상한 성격이었다는 설이다. 당시 포르투갈은 아시아 무역 네트워크를 장악하고 있던 이슬람과 베네치아 연합군을 상대로 여러 차례 전투를 치렀는데 좌초된 선원들을 구하러 홀로 뛰어들 정도로 부하들을 챙겼다고 한다. 마젤란은 1513년 모로코에서 전투 중 무어 족의 진지를 공격하다가 아랍 기마병이 던진 창에 맞아 부상을 입었고 이 일로 평생 다리를 절게 된다.

포르투갈로 돌아간 마젤란은 연금 액수를 올려달라고 요청했지만 그를 마뜩찮게 여겼던 마누엘 1세는 단칼에 거절하고 오히려 무단으로 군대를 이탈한 죄목으로 재판을 받는 처지가 된다. 그는 아프리카까지 가서 자신이 무죄를 증명해야 했다. 다시 포르투갈로 돌아온 마젤란은 마누엘 1세에게 콜럼버스가 갔던 길을 따라가 향료제도를 찾겠다는 계획을 브리핑한다. 그러나 마누엘 1세의 반응은 차가웠다. 마젤란의 계획이 그럴듯하기는 했지만 그 일의 적임자는 따로 있다고 생각했고 더 식견이 있고 지위가 높은 사람에게 그 일을 맡길 요량이었다. 머리끝까지 화가 치민 마젤란은 그럼 다른 가톨릭 국가로 가서 자신의 계획을 설명해도 되겠냐고 묻는다. 대단히 불경스러운 행동이었다. 마누엘 1세는 코웃음을 치며 아무나라나 마음대로 가라고 대꾸한다. 더 이상 왕과 신하의 관계가 아니게 되는 순간이었다. 왕을 알현하는 마지막 예법은 무릎을 꿇고 왕의 손등에 입을 맞추는 것이다. 마젤란은 왕에게 걸어가 무릎을 꿇었지만 마누엘 1세는 손을 내밀지 않았다. 너 같은 놈의 인사를 받지 않겠다는 뜻이었고 신하로서는 최악의 수치였다. 모멸감을 느끼며 돌아서는 마젤란의 뒤로 다른 신하들의 비웃는 소리가 들려왔다. 마젤란은 영원히 포르투갈을 떠나기로 결심한다. 그가 향한 곳은 에스파냐였다.

1517년 마젤란은 학자이자 점성술사인 팔레이로와 함께 에스파냐의 세비야에 도착한다. 그곳에서 마젤란은 베아트리스 바르보사라는 여성을 만나 결혼을 하고 꽤 유력한 지역 인사였던 장인의 도움으로 안락한 정착 생활을 하게 된다. 그러나 바다로 나가고픈 그의 욕망은 쉽게 잠들지 않았다. 1518년 마젤란은 카를로스 1세를 만나기 위해 왕실이 있던 바야돌리드로 향한다. 그러나 포르투갈을 떠난 지 얼마 되지 않아 사실상 무국적자나 다름없는 마젤란이 카를로스 1세를 알현하는 것은 쉬운 일이 아니었다. 그는 만남을 주선해주는 대가로 이후 발생하는 수익의 10%를 주는 조건으로 한 귀족을 통해 마침내 카를로스 1세를 만나게 된다. 당시 18세의 카를로스 1세는 벨기에(부르고뉴라고 불렸다)에서 태어나 왕이 되기 전에는 에스파냐에 한 번도 와보지 않은 그야말로 외국인이었다. 에스파냐 인이라는 정체성이 없었던 카를로스 1세는 역시 외국인인 마젤란의 계획을 선입견 없이 검토할 수 있었고 여기에는 포르투갈 왕을 이기고 싶다는 경쟁심도 일부 작동했다. 동방 항로를 개척해 전 인도양에 걸친 무역네트를 건설 중이던 포르투갈에 비해 에스파냐가 신대륙에서 거두고 있는 수익은 슬픈 수준이었던 것이다. 카를로스 1세의 결정에 도움을 준 것은 엔히크라는 마젤란의 노예였다. 그는 1511년 마누엘 1세의 명령으로 포르투갈로 귀국할 무렵 마젤란을 따라 나섰던 말레이 섬 원주민이었는데 마젤란은 그런 그를 기특하게 여겨 엔히크라는 가톨릭 이름을 지어주었고 이후 마젤란의 노예이자 친구이자 개인 경호원으로 지내고 있었다. 이 엔히크가 고향에 있을 때 향료제도를 다녀온 적이 있었고 그 지역 바다를 매우 잘 안다는 사실은 왕을 설득하는데 큰 도움이 되었다. 카를로스 1세는 후한 조건으로 마젤란의 계획을 후원하기로 했고 5척의 선박을 내준다. 80톤에서 150톤 사이의 배들이었다. 마젤란은 배를 수리하고 선원들을 모집하며 1년 반을 보냈다.

지원한 선원 후보 중에는 롬바르디아 출신의 안토니오 피가페타라는 청년이 있었는데 그는 자신을 소개하며 기록의 중요성을 역설하여 합격한다. 실제로 피가페타는 마젤란의 항해 동안 충실하게 매일을 기록하여 나중에 '최초의 세계 일주'라는 책을 낸다. 1519년 여름이 끝나갈 무렵 마젤란은 250여 명의 선원을 모집한다. 소식을 들은 마누엘 1세는 기겁을 한다. 향료 제도에서 독점적으로 재미를 보던 시절에 위기가 닥쳤다는 사실을 뒤늦게 깨달은 것이다. 마누엘 1세는 사람을 보내 마젤란의 마음을 돌리려 했지만 포르투갈 왕실에 대한 마젤란의 기억은 수모를 당하고 왕궁을 나오던 때에 고착되어 있었다. 마젤란에 대한 험담과 악의적인 모략도 통하지 않자 마누엘 1세는 마젤란을 암살할 계획까지 세운다. 카를로스 1세는 마젤란에게 호위병을 붙여 이를 좌절시켰고 마누엘 1세는 마젤란이 타고 갈 배가 장기적인 항해에 불가능하다는 첩자의 보고에 만족해야 했다. 그러나 마젤란은 배가 목적지에 도착하는 것은 신의 은총에 달린 문제이지 배의 성능과는 별 관계가 없다는 생각을 가지고 있었다. 채용된 선원들은 대체로 만족할만한 수준의 이력과 실력을 가지고 있었지만 선장급 몇 명은 문제가 있었다. 포르투갈인 총사령관의 지시를 받는 것이 달갑지 않았던 에스파냐 귀족들이었다. 이들은 나중에 결국 문제를 일으킨다. 출항을 며칠 앞두고 마젤란은 유언장을 썼다. 아내와 젖먹이 아들과 태어날 아이와 친척 몇과 교회와 수도원에 남길 유산을 적었다. 특별한 항목도 있었다. 엔히크에 대한 배려다. 백인과 흑인의 혼혈아인 엔히크를 속박과 종속과 노예의 의무에서 해방시키며 재산 중 현금으로 1만 마라베디를 그의 몫으로 정한다는 것이었는데 엔히크에 대한 마젤란의 애정을 엿볼 수 있는 부분이다.

1519년 8월 10일 드디어 역사적인 출항. 하늘은 청명하고 날씨는 쾌청했다. 물론 약간의 불안은 있었지만 어쨌거나 선단은 씩씩하게 항구를 나선다. 기함은 트리니다드 호였고 콘셉시온, 빅토리아, 산티아고, 산안토니오 호가 그 뒤를 따랐다. 아프리카 서안을 따라 내려가다 대서양으로 방향을 틀 줄 알았던 선원들은 마젤란이 계속 남쪽으로!를 외치자의아한 표정으로 그를 쳐다보았다. 이유가 있었다. 포르투갈에서는 마젤란을 반역자 취급했고 그를 체포하기 위해 대서양으로 가는 길목에 순찰선을 배치해 두었던 것이다. 엄한 곳을 지키고 있던 마누엘 1세가 보낸 순찰선이 허탕을 친 것은 물론이다. 선장들 중에 후안 데 카르타헤나라는 귀족이 있었다. 각 배의 선장들은 매일 밤마다 마젤란의 기함으로 와서 다음 날 항해 코스를 물어야했는데 카르타헤나는 이게 눈꼴 시려

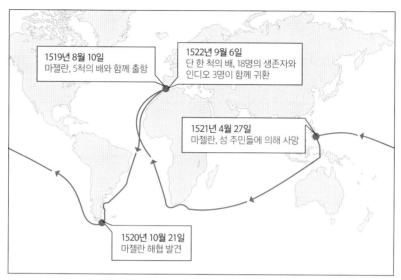

안의 텍스트:

1519년 8월 10일
마젤란, 5척의 배와 함께 출항

1522년 9월 6일
단 한 척의 배, 18명의 생존자와
인디오 3명이 함께 귀환

1521년 4월 27일
마젤란, 성 주민들에 의해 사망

1520년 10월 21일
마젤란 해협 발견

마젤란의 항로. 다섯 척이 한척으로 줄고 250명이 18명으로 줄어 있었다.

견딜 수가 없었고 노골적으로 반발하기 시작한다. 마젤란을 총사령관이
아닌 선장으로 낮춰 부르기까지 했던 카르타헤나는 마젤란의 선실에서
열린 선장 회의에서 항해의 전체 일정을 미리 알려달라며 다른 선장들을
선동한다. 마젤란은 그의 목에 칼을 들이대며 반역자라고 불렀고 카르
타헤나의 동조자는 없었다. 별로 카르타헤나는 며칠 동안 머리와 손에
형틀을 쓴 채 갑판 위에 앉아 선원들의 조롱을 받아야 했다.

  일주일이 지났을 무렵 선단은 대서양을 가로질러 남아메리카 대륙에
도착한다. 브라질의 리우데자네이루에서 식량과 식수를 보충한 마젤란
일행은 계속 남쪽으로 내려갔다(리우는 강, 자네이루는 1월이라는 뜻이다). 마
젤란의 목표는 아메리카 대륙에서 태평양으로 빠져나가는 통로를 찾는

것이었다. 적도에서 남쪽으로 내려가면 계절이 바뀐다. 북반구는 봄인데 남반구는 가을이다. 계절의 변화를 이해하지 못한 선원들의 불안한 심리를 카르타헤나는 놓치지 않았다. 그는 두 명의 선장을 포섭했고 마젤란을 제거할 계획을 세운다. 산티아고 호는 중립을 지키는 가운데 마젤란의 트리니다드 호는 세 척의 배와 맞서야 했다. 마젤란의 쿠데타 진압은 신속하고 완벽했다. 수족 같은 선원 둘을 보내 산 안토니오 호의 선장의 복부에 칼을 꽂았고 전세를 파악한 산티아고 호가 마젤란 쪽으로 기울면서 3대 1의 불리한 상황은 순식간에 역전된다.

사흘 만에 깔끔하게 반란을 진압한 마젤란은 주동자인 카르타헤나와 그에게 협조한 성직자 1명을 무인도에 내버리고 다시 항해에 나선다. 춥고 아무도 없는 곳이었으니 둘의 최후는 뻔했다. 통로는 쉽게 발견되지 않았다. 여기인가 싶어 들어가 보면 내륙이 나왔고 저기인가 해서 가다보면 바다가 아니라 강으로 이어지는 경로였다. 이 과정에서 산티아고 호가 난파하는 사태가 발생했고 선단은 네 척으로 줄어든다.

1520년 10월 마젤란은 유력한 후보지를 발견한다. 진입로 양 옆으로 깎아지른 암벽들이 낭떠러지를 이루고 파란색과 회색이 섞인 차가운 바다는 과연 이전과는 다른 풍광이었다. 마젤란은 두 척의 배를 먼저 보내 해협과 수역을 탐색하도록 지시했고 며칠 뒤 이들은 낭보를 들고 온다. 통로 끝에 이를 때까지 장애물은 없었고 태평양인지는 모르겠지만 물이 짠 것이 바다인 것은 틀림없다는 보고였다. 마젤란 해협이 인류에게 처음으로 속살을 드러내는 순간이었다. 해협을 통과하자 커다란 섬이 눈앞에 나타났는데 오늘 날 도슨이라 불리는 섬이다. 마젤란은 선단을 둘로 나눠 두 척은 섬의 동쪽으로 보내고 자신은 서쪽으로 방향을 잡았다. 섬의 끝에서 만나기로 했는데 동쪽으로 갔던 선박은 한 채만 합류했다. 사라진 것은 선단에서 가장 몸집이 컸던 120톤 규모의 산 안토니오 호였다. 당시 마젤란은 몰랐지만 산 안토니오 호는 그 시간 에스파냐로 돌아가고 있었다. 선상 반란이 일어났고 마젤란의 사촌은 돛대에 묶인 신세였다. 에스파냐로 돌아 온 후 반란의 주모자인 조타수 고메즈는 마젤란에 대해 거짓 증언을 했고 덕분에 마젤란의 부인과 아들은 감금 신세에 마젤란도 부재 중 기소되었다. 특히 카르타헤나의 아버지인 폰세카 주교는 자신의 아들이 무인도에 버려졌다는 사실에 극도로 분노했으며 마젤란이 귀향하면 잡아 죽이겠다고 이를 갈았다. 물론 마젤란이야 이런 사정을 알 리 없었지만.

11월 초 세 척으로 줄어든 선단은 도슨 섬의 서쪽으로 방향을 잡아 나가기 시작했다. 해협은 좁아졌고 바위와 암초와 모래톱이 계속해서 선단을 위협했다. 후에 마젤란 해협으로 불리게 될 이곳은 길이가 560km로 만만찮은 거리에다 너비는 평균 3.2km에 수심이 얕은 곳은 20m에 불과했다. 여기에 수많은 지류와 굴곡 그리고 갈림길이 있었고 비가 잦은 데다 항상 안개로 뒤덮여 있어 항해술이 뛰어난 선원들도 식은땀을 흘려가며 배를 몰아야 했다. 시각적 정보가 차단되는 밤에는 좌초에 대한 공포로 잠을 이루지 못했다. 희망은 멀리 있지 않았다. 11월 28일 선단은 멀리 보이던 곳을 통과했다. 선원들은 그 자리에서 즉석으로 카보데세아도('보고 싶었던 곳'이라는 뜻)라는 이름을 붙였다(얼마나 간절했기에). 곳을 지나자 마침내 툭 트여 사방이 바다인 망망대해가 펼쳐졌다. 태평양이었다. 환호 또 환호. 아무도 가 본 적 없는 경로였다. 아메리카를 통

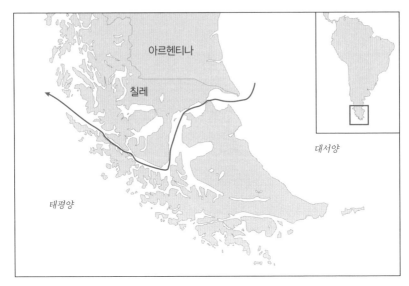

마젤란 해협이다. 육안으로도 알 수 있듯 아무런 정보도 없이 이리저리 뚫린 물길을 따라 항해하는 것은 매일이 모험이고 도박이었을 것이다. 가령 해협의 중간 부분에서 아래로 방향을 잡았다 쳐보자. 해로는 막히고 식량은 떨어지고 식수는 바닥나고 생각만 해도 끔찍하다. 마젤란 해협은 1914년 파나마 운하가 개통되면서 용도 폐기되고 마젤란의 이름만 남긴 채 역사에서 잊힌다.

과해 태평양을 만난 선원들은 신에게 감사기도를 올렸고 마젤란의 의지에 박수를 보냈다. 진입에서 통과까지 38일 동안 겨우 560km를 전진한 정말이지 죽음의 항해였다.

마젤란은 그 바다에 '태평양'이라는 이름을 붙였다. 해협을 통과하는 과정이 너무 힘들고 고통스러워 눈앞에 나타난 바다가 평화로워 보였던 것이다. 그러나 태평양은 절대 평화로운 바다가 아니다. 이제 문제는 태평양의 크기였다. 누구도 그 바다의 넓이를 알지 못했고 마젤란의 지리 상식은 1세기에 활동한 프톨레마이오스의 가설에 머물러 있었다. 프톨레마이오스는 지구의 둘레를 2만 5천 km로 실제보다 1만 5천 km 적게 계산했다. 그 이야기는 태평양으로 가는 서쪽 바닷길만 발견하면 바로 향료 제도가 나온다는 마젤란의 확신이 치명적인 착각이란 뜻이다. 가도 가도 육지는 보이지 않는 기약 없는 항해가 5주간이나 이어진다. 마젤란의 방향이 서북쪽이었으면 폴리네시아 군도를 만났을 것이고 운이 좋으면 하와이에 도착할 수 있었다. 물론 지금 와서야 하는 말이지만 하여간 그가 잡은 방향은 최악의 경로였다. 식량과 식수가 떨어졌고 선원들은 활대를 감싸고 있는 가죽을 벗겨 먹기 시작한다. 가죽이 너무 질겨서 며칠 바닷물에 담가 통통 불린 다음에야 식용으로 가능해졌는데 이걸 석탄불에 구워 억지로 목구멍에 밀어 넣었다. 가죽과 톱밥을 다 먹어치운 선원들은 쥐를 잡아먹기 시작한다. 쥐의 가격은 마리당 0.5 다카트까지 폭등한다. 역사상 가장 비싼 쥐 값이었다. 이런 상태로 또 한 달이 흘러갔다. 선원들은 일어서 있는 시간보다 기대거나 누워있는 시간이 많아졌고 비타민 C의 부족으로 괴혈병이 발생하기 시작한다. 피부가 문드러지면서 이가 썩는 병이다. 이발사 겸 외과의사는 배를 돌아다니며 하루 종일 선원들의 이를 뽑았다. 태평양으로 들어선 후 이렇게 19명이 죽었고 40여 명도 그 뒤를 따를 준비를 하고 있었다. 딱 하나 다행인 것은 날씨만은 좋았다는 것이다. 태평양에서는 아주 드문 경우인데 폭풍이나 태풍을 만났으면 마젤란의 이름은 이제까지 전해지지 않았을 것이다. 키를 잡거나 돛을 조종할 기운이 누구에게도 남아 있지 않았고 인간 한계의 끝을 보고 있는 것이 당시 마젤란 선단의 상황이었다. 희미하게 날이 밝아오던 어느 새벽 망루에 올라 있던 선원이 "육지다!"를 외친다. 마젤란 해협을 빠져나오면서 "바다다!"를 외친 지 석 달 열흘만의 일이었고

1521년 3월 6일에 일어난 기적이었다.

육지로 다가가던 선원들 앞에 나타난 것은 몇 척의 카누에 올라탄 갈색 피부의 원주민들이었다. 갑판에 오른 이들은 선실에서 마음에 드는 것은 집어 들고는 카누에 싣고 내빼버렸다. 선원들은 그저 멍하게 보고만 있었다. 제지할 힘도 의지도 없었다. 전문적인 도적 떼가 아니었다. 다만 남의 것을 제 멋대로 가져가는 것이 범죄라는 개념이 없었을 뿐이다. 마침내 육지에 상륙한 마젤란 일행을 원주민들은 호기심 가득한 얼굴로 바라보았다. 약탈당한 것이 분했던 마젤란은 일어설 기운이 있는 선원들을 무장시켜 원주민들을 기습했다. 선원들의 석궁에 맞아 원주민 몇이 쓰러졌고 마젤란은 원주민들이 실어간 물건들을 되찾고 식수를 채운 다음 해안을 빠져나왔다. 마젤란은 출항하면서 이 섬의 이름을 '도둑 섬'이라고 명명했다. 이 섬의 현재 이름은 괌이다. 이제 마젤란은 향료 제도가 바로 앞에 있다고 확신했다. 그러나 향료 제도까지는 아직 1,600km나 남아 있었다. 도둑 섬을 빠져 나온 지 열흘 후 마젤란은 군도를 발견한다. 필리핀 제도였다.

엔히크가 실력을 발휘하기 시작한 것이 이때부터다. 아니 정확히는 필리핀 제도 원주민들의 말레이어를 알고 있었다. 마사우아 섬에 상륙한 마젤란은 엔히크의 도움으로 추장인 콜람보와 의사소통을 할 수 있었다. 마젤란은 배 안의 유럽 물건들을 콜람보에게 선물했고 콜람보는 커다란 금괴와 진주가 담긴 접시로 화답했다. 섬에 분명 금과 보물이 넘친다는 증거였다. 엄청난 기대를 가지고 콜람보의 왕궁을 방문한 마젤란은 실망으로 혀를 차야 했다. 황금으로 치장한 궁전이 아니라 바나나 잎으로 덮인 건초더미였다. 마젤란은 신앙심이 깊은 사람이었다. 비록 황금은 얻지 못했지만 이들을 기독교도로 개종시키는 것이 자신의 할 일이라고 믿었다. 교리를 설명했고 섬의 가장 높은 곳에 십자가를 세웠다. 콜람보는 그저 벼락을 막아주는 부적으로만 십자가를 이해했다.

　며칠 후 마젤란은 콜람보에게 전해들은 가장 큰 섬인 세부를 향해 출발했다. 이미 소문을 들은 세부 섬 원주민들은 유럽의 배를 구경하기 위해 해안가에 몰려나와 있었다. 마젤란은 절차대로 예포를 쏘는 것으로 상륙 절차를 시작했고 대포 소리에 놀란 원주민들은 비명을 지르며 개미처럼 흩어졌다. 세부 섬의 지도자는 후마본이었다. 그는 일찍이 이민족들과의 교역을 해 본 경험이 있어서 이 하얀 색깔의 인간들을 잘 이용하면 큰돈을 벌 수 있다는 것을 알고 있었다. 후마본의 왕궁은 콜람보의 거처와는 달랐다. 건축물이었으며 정원에는 분수까지 설치되어 있었다. 후마본은 섬에서 에스파냐 인들이 상행위를 하면 세금을 내야한다고 주장했고 마젤란은 세상에서 가장 강력한 국가인 에스파냐의 선장인 자기가 작은 나라에 세금을 바치는 건 말이 안 된다고 맞섰다. 결국 에스파냐의 힘(큰 배와 대포 등)을 인정한 후마본은 마젤란 일행에게만은 세금을 걷지 않겠다고 꼬리를 내렸다. 대신 마젤란에게 동맹을 맺어 달라 요청했는데 아랍인들과 포르투갈인들이 언젠가 이곳을 방문할 것을 예상한 마젤란은 이를 기꺼이 받아들인다. 이제 몰루카로 가는 바닷길만 물으면 끝나는 상황이었는데 이때 마젤란의 신앙심이 발동하면서 일이 꼬여 버린다. 마젤란은 세부 섬 원주민들을 그리스도의 세계로 안내하고 싶었고 그 증표로 세례를 주고 싶었다. 어차피 떠날 사람, 하자는 거 들어줘서 나쁠 거 없다는 생각에 후마본은 이를 수락했고 감동한 마젤란은 후마본에게 돈 카를로스라는 세례명까지 지어준다. 왕이 세례를 받자 원주민들은 앞 다투어 세례에 참여했고 1주일 동안 2,000명이 세례를 받는 전도의 금자탑이 세워진다. 후마본이 개종하고 적극적으로 세례를 받은 데에는 이유가 있었다. 그는 근처의 막탄 섬의 지배자 라푸라푸와 적대적 경쟁관계에 있었다. 후마본은 마젤란에게 자신을 도와 막탄 섬을 점령할 수 있게 해 달라 요청한다. 몇 달 전의 마젤란이었다면 그것은 당신들의 문제라고 넘겨버렸을 것이다. 그러나 마젤란은 자신이 세례를 준 후마본을 필리핀 제도의 가장 강력한 왕으로 만들고 싶었다. 게다가 라푸 라푸는 무슬림이었다. 마젤란의 머릿속에서 막탄 섬의 점령은 단순히 후마본의 희망사항이 아니었다. 그것은 그리스도의 영광이자 에스파냐 왕 카를로스의 영광이었다.

1521년 4월 27일 마젤란은 60여명의 선원과 세부 원주민 300백여 명을 인솔해 막탄 섬에 상륙한다. 원래 육상에서 전투가 벌어지면 총사령관은 배에 남아 전황을 살피고 통제하는 것이 관례지만 마젤란은 원칙을 무시하고 직접 전투를 이끄는 최악의 선택을 한 것이다. 게다가 막탄 섬에 대한 제대로 된 정보도 없는 무모한 상륙작전이었다. 해안에서 마젤란 일행을 기다리고 있던 것은 적대감으로 불타는 2,000여 명의 원주민들이다. 믿었던 머스킷 총은 막탄 섬 원주민들의 견고한 방패를 뚫지 못했고 투구와 갑옷의 보호를 받지 못하는 에스파냐 인들의 하체는 원주민들의 화살 과녁이 되었다. 시간이 흐르면서 마젤란 일행은 공세에서 수세로 몰리기 시작했고 선원들의 사기는 떨어졌다. 마젤란의 허벅지에 연달아 화살 날아와 박혔고 그의 주변에는 몇 명의 선원들만이 가까스로 사령관을 보호하고 있을 뿐이었다. 마젤란이 우두머리라는 것을 눈치 챈 원주민들은 마젤란에게 달려들었고 이들의 손에 물속에 잠긴 마젤란은 다시는 떠오르지 못했다. 너무나 초라하고 허무한, 그 시대 가장 위대한 항해자의 마지막이었다. 향년 41세.

결국 선단은 마젤란의 시신조차 수습하지 못한 채 필리핀 군도에서 철수해야 했다. 마젤란의 자리는 처남인 두아르테 바르보사가 이어받았지만 심각하게 함량미달이었고 자리가 사람을 만든다는 말도 예외가 있다는 사실을 입증했을 뿐이다. 유언을 무시하고 마젤란의 충복인 엔히크를 자신의 노예로 삼겠다고 선언하면서 상황은 최악으로 흘러갔다. 분노한 엔히크가 후마본에게 찾아가 에스파냐인들을 억류할 방법을 알려줬고 후마본은 에스파냐 군주에게 보낼 선물을 준비해 놨으니 가져가라며 두아르테를 섬으로 불러들인 것이다. 덫에 걸린 두아르테는 포로가 되었고 동행했던 인원 중 절반인 십여 명의 선원이 불시의 공격으로 사망한다. 새로운 사령관은 카르바유라는 인물이었지만 역시 마젤란의 리더십을 구현하기에는 턱없이 역부족이었다(원래 빈자리는 어지간히 잘하지 않으면 심리적으로 채워지기 어렵다). 선원들 사이에 결속과 단결이 깨졌고 다들 자기 맡은 일 말고는 솔선해서 나서지 않았다. 전투를 피하기 위해 카르바유는 육지를 만나도 아예 상륙 시도도 하지 않았고 식량과 물도 아슬아슬해졌다. 전체 인원은 처음 떠났을 때의 절반으로 줄어 120여 명 남짓한 선원으로는 세 척의 배를 운용하는 것조차 힘든 상황이 펼쳐진다. 결국 배 한 대를 포기하는 것으로 결론이 난다. 가장 손상이 심한 콘셉시온 호에 불을 붙여 침몰시켰고 두 척의 배에 인원을 나눠 배치했다. 향료 제도는 멀지 않았지만 인도네시아의 몰루카를 아는 사람이 없었던 관계로 두 척의 배는 오랜 시간을 바다에서 헤매야했다. 만나는 배마다 붙잡고 물어보고 비협조적이면 나포하여 심문한 끝에 드디어 몰루카로 가는 길을 찾아낸 트리니다드 호와 빅토리아 호는 1521년 11월 6일 몰루카 제도의 티도레 섬에 도착할 수 있었다. 에스파냐를 떠난 지 2년 2개월 만에 거둔 성과였다. 몰루카의 향료 거래를 독점하고 있던, 그래서 지도에도 표기하는 것이 금지되고 극히 소수의 인물들만 알고 있었던 항로가 에스파냐의 손에 들어온 것이다. 몰루카의 술탄 알 만조르는 포르투갈인들과 거래를 해 본 경험자여서 선원들을 친절하게 대했으며 덕분에 교역은 성공적으로 이루어졌다.

12월 중순 두 척의 배에 실을 수 있는 최대한의 향료가 선적됐고 이제는 진짜 귀국이라는 생각에 선원들의 표정은 밝기만 했다. 그러나 기함인 트리니다드 호에 물이 새는 상황이 발생하면서 두 척의 배는 동시 귀환이 아니라 별도의 운행으로 귀환을 결정한다. 빅토리아 호는 바스크 지역 출신의 엘카노가 지휘를 맡아 먼저 출발했고 트리니다드 호는 수리를 마치고 그 뒤를 따른다. 항해 일지를 쓴 피가페타는 빅토리아 호에 승선했고 덕분에 후세 사람들은 빅토리아호의 귀환 과정을 상세히 알 수 있었다. 치명적인 위기의 순간도 있었다. 서아프리카를 거슬러 올라가는 동안 빅토리아 호는 포르투갈 함선을 만났고 함장이 이들의 배가 마젤란의 선단이라는 사실을 알아차리는 바람에 일부 선원이 포로가 되기도 했다. 간신히 위기를 넘긴 엘카노와 빅토리아 호는 다시 7주를 바다에서 헤맨 끝에 에스파냐의 산 루카스 항에 도착했다. 배는 형태만 남아 썩은 판자가 얼기설기 연결을 지탱해주고 있었고 18명의 선원들은 숨 쉬는 것을 빼면 해골과 다를 것 없는 몰골이었다.

마젤란 함대의 귀환은 단연 전 유럽 최고의 화제였다. 콜럼버스의 아메리카 항로 발견에 이어 드디어 지구가 둥글다는 사실이 실제 항해를 통해 증명되었기 때문이다. 학자들은 바빠졌고 상인들은 더 바빠졌다. 빅토리아 호 한 척이 싣고 온 정향이 3년간의 탐험 비용을 상쇄하고도 남았으니 그럴 만도 했다. 다섯 척 중 한 척만 돌아와도 남는 장사인데 반 이상이 돌아온다면 돈벼락을 맞는 일이 아니겠는가.

　이제 후일담이다. 마젤란이 죽고 없으니 모든 공적을 자신에게 돌릴 욕심이 생길 법도 한데 엘카노는 항해 과정을 솔직하게 진술했으며 마젤란이 받은 모함을 집중적으로 해명했다. 안타깝게도 마젤란의 부인은 빅토리아 호가 귀향하기 몇 개월 전에 사망한 상태였다. 항해 당시 엘카노는 마젤란을 별로 좋아하지 않았다.

　선박 수리 후 48명의 선원을 싣고 티도레 섬을 떠난 기함 트리니다드 호는 출항과 동시에 강남 남서풍에 시달렸고 무풍지대에서 조류에 떠밀린 끝에 북쪽으로 밀려 올라갔다. 태풍과 추위가 동시에 찾아왔으며 배 안에는 괴혈병이 돌았다. 트리니다드를 지휘하던 스피노자는 몰루카로 돌아가기로 결정한다. 그 과정에서도 스무 명 가까운 선원이 사망한다. 몰루카에 도착했을 때 트리니다드를 기다리고 있던 것은 포르투갈 함대였다. 460여 명을 태운 7척의 포르투갈 함대를 배 안이 환자 천지였던 트리니다드는 상대할 수 없었다. 항복하는 것 말고는 방법이 없었고 스피노자는 배를 암초에 접근시켜 가라앉혀 버렸다. 살아남은 16명의 선원들은 포르투갈 군영에 투항했고 감옥에 갇혔으며 이 과정에서 또 절반이 죽었다. 스피노자는 어렵게 에스파냐로 편지를 보내 자신들의 생존을 알렸고 양국 교섭 끝에 최후의 생존자 4명이 에스파냐 땅을 밟았

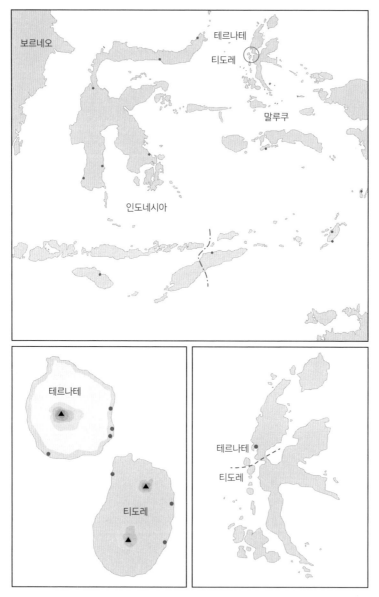

몰루카 제도의 티도레 섬. 바로 위 테르나테 섬과 신료 교역을 두고 오랫동안 패권쟁탈을 벌였다. 현재는 여행지로도 유명해 가본 사람이 많다.

다. 에스파냐를 떠난 지 8년만의 일이었다.

　이 대목에서 고개를 갸웃하실 분 있겠다. 마젤란은 에스파냐에 돌아오지 못하고 중간에 사망했다. 그런데 왜 최초로 세계 일주를 한 인물로 대접 받을까. 그것은 돌아오던 항해에 더해 이전에 마젤란이 필리핀까지 갔던 것을 합쳐 세계를 한 바퀴 돈 것으로 치기 때문이다. 한 번의 항해가 아닌 두 차례 이상 항해의 합산이다. 그런 의미에서 마젤란의 충복 엔히크도 세계 일주 달성자다. 그 역시 말레이 섬에서 에스파냐로 왔다가 다시 필리핀까지 갔으니 두 차례 이상의 항해다. 그렇다면 단 한 번으로 진정한 세계 일주를 한 것은 빅토리아 호로 귀향한 엘카노와 피가페타 외 16명이라는 결론이 나온다(물론 나중에 돌아온 4명까지 포함). 물론 현재 에스파냐에서 엘카노의 이름값은 상당하다. 그럼에도 세계인들이 마젤란을 기억하고 기리는 것은 그 원대한 계획의 시작이 마젤란이었기 때문이다. 특히 마젤란 해협의 탐사는 어지간한 의지와 신념이 없이는 절대 불가능한 일이었다. 한 마디로 마젤란이 있었기 때문에 엘카노도 있었고 엔히크도 있었다. 역사가 마젤란을 최초로 세계 일주를 한 인물로 기억하는 이유다.

11.
용감한 형제들

이제 콜럼버스, 바스쿠 다 가마, 마젤란 등 탐험가들의 시대에 이어 정복자들이 등장할 차례다. 이들이 중미에 상륙하면서 거대한 고대 왕국 셋이 무너졌다. 아즈텍, 잉카 그리고 마야다(마야를 아즈텍 이전으로 알고 있는 분이 있는데 전기 마야와 후기 마야가 있고 후기 마야는 아즈텍과 공존했으며 공식적인 멸망은 유카탄이 정복된 1541년이다). 아즈텍, 잉카는 드라마틱하게 문을 닫았고 마야는 흐지부지 사라졌다. 마야는 여러 부족으로 쪼개진 탓에 정복이 늦을 수밖에 없었고 하나 둘 점령당한 끝에 딱히 어디다 싶은 지점 없이 소멸됐는데 이상하게도 대중적으로는 셋 중 가장 인지도가 높다. 아즈텍과 잉카가 아무리 서양 문명에서 뒤쳐졌다 하지만 왕국은 왕국이다. 게다가 세력의 범위와 주변 부족에게 행사한 영향력까지 감안하면 거의 제국이다. 그런 왕국이 무장병력 수백 명에게, 그것도 십여 년 사이 한 집안 형제들에게 손을 든 것은 이변을 넘어 불가사의한 일이다. 아즈텍은 1521년 에르난 코르테스의 손에 무너졌고 잉카 제국은 1532년 코르테스의 6촌인 프란시스코 피사로에게 왕이 포로로 잡히면서 수명이 끝났다.

먼저 아즈텍을 지도에서 지워버린 에르난 코르테스부터 보자. 코르테스는 1485년 에스파냐 메델린에서 태어났다. 부모 모두 귀족 출신이기는 했으나 돈은 없었다. 코르테스가 14살 때 부모는 그를 살라망카에 사는 삼촌의 손에 맡긴다. 조금이라도 나은 환경에서 공부를 시켜볼 계획이었지만 코르테스는 병만 얻은 채 집으로 돌아온다. 어려서부터 워낙 영특한 아이였기에 부모의 실망은 이만저만 큰 것이 아니었다. 그렇다고 코르테스가 얌전한 아이였다는 이야기는 아니다. 총명하기는 했으나 난폭하고 자주 충동적이었으며 끊임없이 주변과 불화를 생산하는 골칫덩어리였다. 청년기에 접어들 무렵 코르테스에게는 두 가지 선택지가 생긴다. 나폴리로 가거나(에스파냐의 한 축인 아라곤이 지중해에 진출해 있었다는 것을 기억하자) 먼 친척이자 알칸타라 기사단의 간부였던 니콜라스 데 오반도를 따라 인도로 가는 것이었다. 코르테스는 안정적인 나폴리 대신 인도를 선택한다. 그러나 출발 직전 그는 밀통하던 유부녀의 남편에게 쫓기다가 부상을 당했고 원정대에 참가하지 못한다. 일 년 여 시간을 까먹은 코르테스는 마침내 1504년 서인도로 첫 여행을 떠난다. 그의 나이 열아홉이었다. 네 척의 배로 구성된 선단은 얼마 후 산토도밍고에 도착한다(현재 도미니카 공화국의 수도). 오반도는 섬의 총독이 되어 있었다. 오반도는 시민권을 얻어 땅이나 경작하라 훈수했지만 코르테스는 땅에는 손톱만큼도 관심이 없었다. 그의 목표는 오직 황금. 그 무렵 에스파냐는 쿠바 정복을 위해 디에고 데 벨라스케스를 파견한다. 머리가 비상했던 코르테스는 회계담당자로 벨라스케스 일행에 합류했고 왕의 재산을 관리하는 업무를 맡는다. 쿠바 점령은 허무할 정도로 쉽게 끝난다. 공을 인정받아 코르테스는 보상으로 농장을 하나 받게 되지만 그의

쿠바 오른쪽이 산토도밍고. 왼쪽으로 계속 진격했으니 유카탄 반도에 상륙하는 것은 시간 문제였다.

관심사는 여전히 오로지 황금뿐이었다. 코르테스는 농장에 딸린 노예들을 동원해 금광에서 금을 캐기 시작했고 제법 성과를 거두어 벨라스케스를 위협할 정도의 영향력을 갖게 된다. 당시 벨라스케스는 에스파냐 점령지에서 끊임없이 일어나는 반란에 골머리를 앓고 있었다. 해결책을 고민하던 벨라스케스의 머리에 떠오른 게 코르테스였다. 영리하고 이기적이며 폭력을 구사하는데 망설임이 없는 코르테스야말로 그 일을 해결하는데 가장 적합한 인물이었기 때문이다. 코르테스가 벨라스케스를 실망시키지 않은 것은 물론이다.

1518년 벨라스케스는 두 차례에 걸쳐 내보냈던 탐험대로부터 아즈텍 제국에 대해 듣게 된다. 벨라스케스는 이 새로운 제국에 대해 더 알고 싶었고 고민 끝에 코르테스에게 원정대를 맡긴다. 코르테스의 야심을 알고 있었기에 불안하긴 했지만 그 일을 해낼 사람은 반란군 진압 때와 똑같은 이유로 코르테스 이상의 인물을 찾기 어려웠다. 코르테스는 함대를 정비하고 총과 석궁 등 무기를 실었으며 선원 500명을 고용했고 여기에 200명의 쿠바 원주민을 하인과 짐꾼으로 추가한다. 코르테스가 가장 신경 썼던 것은 말이었다. 신대륙에는 없는 동물이라 에스파냐에서 공수해 와야 했고 바다를 건너던 중 절반이 죽어 건진 것은 겨우 16마리였다. 그러나 이 16마리는 숫자 이상의 힘을 발휘한다. 말을 본 적이 없는 아즈텍 사람들은 말을 신화 속의 동물로 착각했고 공포를 느꼈기 때문이다. 코르테스는 선원들은 11개의 부대로 나누었고 10명의 선장을 임명했다. 선장들은 대부분 30대 초반으로 코르테스는 자기와 성향이 가장 비슷한 인간들을 골라 선발했다. 야심만만하고 폭력에 대한 거부감이 없는 이들 중 코르테스가 특히 신뢰한 사람은 24살의 곤살로 데 산도발였다. 그는 키는 작았지만 용감하고 특히 힘이 장사였다. 출항 당일 벨라스케스의 고질병이 도진다. 아무리 생각해도 코르테스를 믿을 수가 없었다. 벨라스케스는 부하 둘을 보내 그를 반역죄로 체포하도록 지시한다. 그러나 임기응변에 능하고 말발이 좋은 코르테스는 오히려 둘을 매수해 버리면서 벨라스케스의 약을 올린다. 벨라스케스는 좀 더 충성심이 강한 심복을 보냈지만 그 역시 코르테스에게 넘어가 아예 벨라스케스에게 돌아오지도 않았다. 벨라스케스, 일단 포기. 1519년 2월 10일 출항한 코르테스의 함대는 항로를 벗어나는 등 몇 번의 시행착오를 거친 끝에 목적지 근처인 코수멜 섬에 도착한다.

상륙 직후 부하 하나가 사고를 친다. 백인들을 본 원주민들이 놀라 도망치자 마을을 뒤져 값진 물건들을 모조리 약탈한 것이다. 코르테스 자신의 머릿속에도 들어있는 계획이기는 했으나 지금 당장은 아니었다.

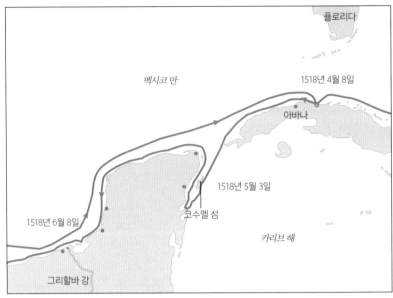

유카탄 반도에서 가장 큰 섬인 코수멜. 제비들의 섬이란 뜻이다. 그리고 유카탄 반도 위쪽으로 그리할바강이 보인다. 오늘날 멕시코의 남동부 지역이다.

현지 상황을 파악하지 못한 상태였고 원주민들의 호의가 절대적으로 필요했다. 코르테스는 원주민들에게 약탈한 물건을 되돌려주었고 선물까지 덤으로 얹어준다. 코르테스의 노림수대로 원주민들은 분노와 의심을 풀고 원정대를 마을로 초대해 식사를 대접한다. 코르테스에게 뜻밖의 행운이 찾아온다. 예전에 탐험대로 나섰다가 원주민들에게 포로가 된 에스파냐인들을 만난 것이다. 그 중 하나인 아길라가 코르테스의 탐험대에 합류했고 원주민들과의 대화가 절실했던 코르테스에게 마야 여러 지방의 사투리를 능숙하게 구사하는 아길라는 정복의 길조로 여겨졌다. 해안을 따라 항해하던 함대는 그리할바강 어귀에 닻을 내린다. 지역민인 타바스코족은 코르테스에게 호의적이지 않았다. 원정대는 타바스코족과 이들을 지원하는 도시 신트라와 동시에 싸워야 하는 처지가 된다. 코르테스는 타바스코와 신트라를 잇는 중간 지점에 진을 쳐서 두 세력의 연결을 끊은 다음 직접 기마대를 이끌고 전투에 나선다. 반은 말이고 반은 사람인 기마대를 보고 원주민들은 공포에 사로잡혔다. 코르테스가 말을 공수해 올 때 예측했던 대로였다. 원주민들은 겁을 집어먹고 도망치기 바빴고 코르테스는 여유 있게 1승을 올린다. 그러나 코르테스는 전략대로 이들을 예의바르게 대했고 타바스코족의 족장은 금장식을 바쳐 충성을 맹세한다. 금이 어디 있는가를 묻는 질문에 족장은 해가 지는 쪽을 가리켰다. 아즈텍 제국이 있는 방향이었다.

코르테스의 함대는 계속 서쪽으로 이동했고 얼마 후 산 후안 데울루아에 닻을 내린다. 코르테스는 틈틈이 에스파냐 카를로스 1세에게 편지를 보내 진행 과정을 알렸는데 이는 노골적으로 벨라스케스를 무시한 행동이었다. 그는 자신이 정복한 땅을 직접 다스리기 원했고 왕에게 보물만 잔뜩 실어 보내면 그걸로 잡다한 문제는 다 해결될 것이라고 생각했다. 과연 카를로스 1세는 선물 공세에 넘어갔고 코르테스를 새롭게 에스파냐의 영토가 된 도시 빌라 리카의 총독으로 임명한다. 소식을 들은 벨라스케스가 분노로 부들부들 떨었음은 물론이다. 코르테스는 토토낙이라는 부족을 통해 아즈텍의 통치자 몬테수마 2세에 대해 듣게 된다. 토토낙족은 아즈텍에 부속된 부족이었지만 아즈텍이라면 치를 떨었다. 조공의 강도가 높았고 특히 어린아이들을 제물로 바쳐야 했기 때문이다. 악명 높은 아즈텍 조공단이 왔을 때 코르테스의 머리가 비상하게 돌아간다. 그는 20여 명의 조공단을 무자비하게 두들겨 패 토토

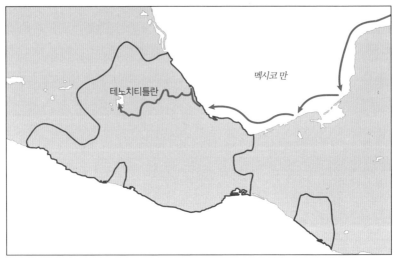

아즈텍 제국의 크기와 코르테스의 이동경로. 호수 안에 보이는 점이 수도 테노치티틀란이다. 우리로 치면 여의도에 수도를 건설한 셈이다.

낙족의 환심을 산 후 이들을 자신의 배로 끌고 간다. 그리고 그 중 둘을 끌어내 토토낙족이 당신들을 죽이려 해서 자기가 선수를 친 거라며 둘러대고는 실은 몬테수마 왕에게 호의를 가지고 있다는 메시지를 전달한다. 하여간 교활함 하나는 타고난 인간이었다. 다음 날 조공단 두 명이 탈출한 것을 발견한 토토낙족은 패닉 상태에 빠진다. 이제 곧 몬테수마의 잔인한 보복이 이어질 터였다. 토토낙족은 코르테스에게 몬테수마와 전쟁이 벌어지면 같이 싸워주기를 요청했고 코르테스는 못이기는 척 승낙을 한다. 몬테수마에게 호의적 신호를 보낸 것에 더해 반란군까지 동시에 확보했으니 양다리를 제대로 걸친 셈이다. 내친 김에 코르테스는 토토낙 족장에게 동원할 수 있는 병력이 얼마나 되는지 물었다. 족장은 10만 명 정도라고 답했고 코르테스는 속으로 환호를 올렸다.

1519년 8월, 5백여 명 에스파냐 군대가 아즈텍의 수도 테노치티틀란으로 행군을 시작한다. 몬테수마는 코르테스 부대의 진군을 알고 있었다. 그러나 그는 아무런 조치도 취하지 않았다. 몬테수마는 미신을 믿고 마법을 신뢰했으며(당시 안 그런 사람이 있었을까) 특히 흉조에 대해서 과다하게 예민했다. 당시 아즈텍에는 기이한 일들이 시리즈로 펼쳐지는 중이었는데 하늘에서 불이 떨어지더니 사원을 태웠고 불길은 물을 피부어도 잡히지 않았으며 또 어떤 날은 호수가 말랐고 타들어간 바닥에서는 여인들의 구슬픈 울음소리가 들려왔다. 사람들은 이 모든 것들을 왕국의 몰락으로 해석했다. 아즈텍인들이 숭배하는 가장 위대한 신이 케찰코아틀이다. 이 신은 52년마다 한번 씩 흰 피부에 불을 뿜는 무기를 들고 나타난다는 전설이 전해지고 있었는데 마침 1519년이 그 52년이 되는 해였다. 살이 하얀 인간들이 몰려온다는 소식은 몬테수마 입장에서는 흉조의 결정판이었고 그 어떤 결정도 내리지 못한 채 전전긍긍하는 것 말고는 다른 방법이 없었던 것이다. 1519년 11월 8일, 드디어 코르테스의 군대가 테노치티틀란에 입성한다. 수많은 아즈텍인들이 신을 구경하러 나온 가운데 몬테수마는 정중하게 코르테스를 맞았다. 이유를 알 까닭이 없는 코르테스는 환대에 잠시 당황했으나 이내 기분이 좋아져 우리는 당신들을 사랑한다며 공치사를 날린다.

인구 30만을 자랑하는 테노치티틀란은 호수 위에 세워진 아름다운 도시였다(정확히는 호수 주변의 물을 빼거나 매립). 건축과 천문학에 뛰어난 지식을 가지고 있었던 아즈텍인들은 사방이 물로 둘러싸인 작은 섬에 이 도시를 건설했고 도로 역할을 하는 운하가 그물처럼 도시를 가로

현재 멕시코시티에 남아있는
템플로 마요르 사원의 흔적.
오른쪽은 복원 중인 템플로
마요르의 완성도

지르는 가운데 웅장한 사원들이 곳곳에 세워져 있었다. 사원의 규모는
500명 이상이 입장 가능할 정도였고 어떤 사원은 계단이 50개나 되는
꽤 높은 건물이었다. 에스파냐 촌구석 출신이 대부분인 코르테스의 병
사들은 눈이 휘둥그레졌다. 문명에서 한참 쳐진다고 생각했던 야만인들
의 도시가 어떤 부분에서는 자신들의 조국을 앞서고 있었기 때문이다.

몬테수마라고 아무런 생각이 없었던 것은 아니었다. 생각이라기보다는 희망사항에 가까웠지만 그는 코르테스의 군대가 아즈텍 정복이 목표가 아니라 금은 같은 것이기를 바랐다. 그러면 원하는 것을 잔뜩 싸주는 것으로 상황을 종료하고 이들을 돌려보내면 끝이다. 자신의 왕궁은 다시 평화를 되찾는 것이다. 한편 코르테스의 머릿속도 복잡했다. 환영을 받았다고는 했지만 결국 이들은 도시 안에 갇힌 거나 다름없었고 사소한 충돌이라도 발생해 대규모 전투로 확전된다면 승리를 자신할 수 없었던 것이다. 키 작고 힘 좋은 곤살로 데 산도발은 선제공격을 주장한다. 몬테수마를 납치해서 인질로 삼자는 산도발의 요청에 코르테스는 고개를 젓는다. 어쨌거나 몬테수마의 권위는 테노치티틀란에서 압도적이었기 때문이다. 그러나 며칠 후 벌어진 사건이 코르테스의 마음을 돌린다. 아즈텍의 명령으로 토토낙 족이 빌라 리카를 공격했고 그 과정에서 에스파냐 병사 여럿이 살해된 것이다. 이를 핑계로 코르테스는 몬테수마를 체포한다. 몬테수마는 자신은 모르는 일이라며 잡아뗐지만 그 말을 곧이곧대로 믿을 수는 없었다. 코르테스는 몬테수마를 감금했고 이 사건으로 도시의 분위기는 싸늘하게 얼어붙는다. 몬테수마가 보낸 부하들이 사건의 책임자들을 잡아온 건 3주가 지나서였다. 코르테스는 이들을 화형에 처했고 혐의를 벗은 몬테수마를 석방한다. 이 일로 기가 완전히 꺾인 몬테수마는 에스파냐 황제에게 충성을 맹세했고 궁 안 밀실에 숨겨두었던 보물을 코르테스에게 공개한다. 찔끔찔끔 금을 찾는 대신에 한꺼번에 모아둔 보물을 차지하려던 코르테스의 전략이 먹히는 순간이었다. 보물은 밀실에서 꺼내는 데만도 사흘이 걸렸고 코르테스는 보석은 따로 챙기고 금은 모두 녹여 금괴로 만들었다. 코르테스의 가장 행복한 시간을 발로 찬 것은 그 자신이었다. 평소의 조심스러움을 잊고 아즈텍인들의 인신공양 의식과 정면으로 충돌한 것이다. 물론 코르테스가 처음 테노치티틀란에 왔을 때도 인신공양은 벌어지고 있었지만 당시에는 아즈텍인들과 충돌을 가급적 삼가는 처지라 그냥 두고 보기만 했다. 그런데 한껏 기분이 올라간 코르테스가 평소와 달리 신앙심에 불타올랐고 인신공양을 하는 사원은 물론 아즈텍인들이 신성시하는 석상까지 부숴버린 것이다. 아즈텍인들은 바로 불쾌함을 드러내지는 않았다. 그러나 그들의 표정은 이전과는 달라졌고 결국 이 일로 코르테스는 일생일대 위기에 몰리기 된다.

한편 벨라스케스는 코르테스가 선물한 모욕을 잊지 않고 있었다. 그는 모욕을 무력으로 갚기로 하고 19척 선박에 1,400명의 병사를 실어 코르테스 응징에 나선다. 함대 지휘는 같은 고향 출신의 나르바에스에게 맡겼다. 그 무렵 빌라 리카는 산도발이 관리하고 있었다. 나르바에스는 산도발에게 전령을 보냈지만 산도발은 이들을 해먹으로 칭칭 감아 편지 대신 코르테스에게 보낸다. 전면전이 펼쳐질 것이라는 인간 첨부 보고서인 셈이다. 코르테스도 벨라스케스를 아주 잊고 있던 것은 아니다. 그러나 당시 사정은 코르테스에게 매우 불리했다. 병사를 나눠 관리와 탐험을 하던 터라 병력이 분산되어 있었다. 가장 멀리 보낸 병력은 나르바에스가 상륙한 해안선에서 240km나 떨어져 있었다. 코르테스는 사람을 보내 이들에게 빌라 리카 합류를 명령한 다음 백여 명의 병사와 리카 빌라로 출발한다. 테노치티틀란에 남겨둔 병력은 겨우 200명이었다. 코르테스는 숫자의 불리함을 기습 공격으로 돌파한다. 나르바에스가 끌고 온 병력은 코르테스에게 매수되었고 벨라스케스는 남 좋은 일만 시킨 꼴이 되었다. 급하게 달려온 전령이 아즈텍의 반란을 알린다. 몬테수마의 형인 퀴틀라우아크가 동생을 대신에 황제를 자칭하며 아즈텍인들을 선동했던 것이다. 자신들의 황제인지 코르테스의 신하인지 분간이 안 되는 몬테수마 덕분에 아즈텍인들은 집단으로 우울증에 걸려 있었고 그 빈틈을 비집고 들어간 퀴틀라우아크는 순식간에 2만 명의 군대를 모았다. 코르테스가 테노치티틀란에 도착했을 때 도시는 텅 비어 있었다. 차라리 무장한 병력이 진을 치고 있는 게 낫다. 사람들이 다 빠져나간 기묘한 도시는 무한한 공포와 불안으로 병사들을 짓눌렀다. 아니나 다를까 뜬 눈으로 지새운 다음 날 아침 아즈텍인들의 공격이 시작된다. 병사 열 명이 죽고 그 다음 날에 또 열다섯 병사가 전사한다. 부상자는 200명에 달했다. 퇴로도 없었다. 아즈텍인들이 도시 밖의 다리는 물론 수로를 가로지르는 다리까지 모조리 파괴해버렸던 것이다. 코르테스는 몬테수마를 이용해 위기를 돌파해보려 했지만 흥분한 아즈텍 병사들이 던진 돌에 몬테수마가 맞아 죽으면서 계획은 수포로 돌아간다. 아니, 오히려 짐을 더 진 꼴이 됐다. 아즈텍인들은 몬테수마가 코르테스 때문에 죽었다고 더 악에 바쳤던 것이다. 코르테스는 포로 몇 명을 풀어주면서 협상을 시도한다. 금은보화를 깨끗이 포기하고 8일 이내에 도시를 떠나겠다는 조건이었다. 그리고 그 밤에 코르테스는 바로 탈출을 감행한다. 빤히 수를 읽고 있었던 아즈텍인들의 매복에 걸린 코르테스는 병사의 절반을 잃고 가까스로 적지를 빠져나올 수 있었다.

전열을 정비한 코르테스는 복수를 준비한다. 10만 명의 아즈텍인들을 모았고 에스파냐식으로 훈련을 시켰다. 그런데 좀 이상하다. 대체 코르테스는 무슨 재주로 설욕전을 준비하면서 10만을 끌어 모을 수 있었을까. 여기에는 아즈텍 제국의 구조적인 약점이 있다. 아즈텍은 멕시코 원주민이 세운 나라가 아니다. 13세기 북미 대륙에서 내려온 메히카 부족이 군사력을 바탕으로 급속하게 성장했고 여기에 텍스코코, 틀라코판이라는 두 도시가 합세한, 일종의 도시 국가 동맹체였다. 이 동맹체는 특정 지역의 부족들이 두각을 나타내면 바로 침공해 그 지역 청년들을 대거 끌고 와 인신공양이라는 형식으로 제거했다. 영화 '아포칼립토'가 바로 그런 시대적 배경을 담고 있는 작품이다(참고로 제목인 APOCALYPTO는 그리스어로 새로운 출발, 시작을 의미한다). 아즈텍은 이런 전쟁을 '꽃 전쟁'이라고 불렀다. 300년 가까운 아즈텍의 지배에 원주민들이 깊고 오래된 증오를 가지고 있었기에 코르테스의 이런 병력 동원이 가능했던 것이다. 그럼 원주민들은 이방인인 코르테스를 어떻게 신뢰하게 되었을까. 말린체라는 여성 덕분이다. 말린체는 아즈텍 제국과 마야 왕국 접경 지역에 거주하던 부족 출신으로 노예 신분이었다. 타바스코 부족장이 코르테스와의 전투에서 패한 뒤 공물을 보냈는데 그때 공물 가운데 끼어 있던 것이 말린체였다. 미모가 탁월했던 말린체는 바로 코르테스의 눈에 들어 정복자의 안주인 자리를 차지한다. 에스파냐 본국에 본처가 있으니 그래봐야 결국 첩일 뿐이지만 말린체에는 아주 특별한 능력이 있었다. 뛰어난 언어감각이다. 몇 달 만에 에스파냐어를 익혀 코르테스를 놀라게 하더니 얼마 안가 에스파냐 병사들과 농담을 주고받을 정도의 수준이 되었다. 말린체는 코르테스의 통역사 노릇을 하며 아즈텍 제국의 정보를 모조리 가져다주었다. 말린체는 코르테스가 각

부족들을 설득할 때도 동행하며 그의 일을 도왔다. 그러니까 첩이자 비서였던 셈이다. 통역이야 예전에 원주민들에게 포로가 되었던 아길라도 있지 않느냐고? 아무리 언어가 통한다 해도 아길라는 아즈텍 사람이 아니다. 외부인인 에스파냐 사람이 전달하는 말을 100% 신뢰할 수는 없었을 것이다. 말린체는 코르테스의 아즈텍 정복을 도운 최고의 도우미였다. 덕분에 그녀는 반역자로 매도되기도 했지만 또 다른 시각에서는 말린체를 영웅으로 보기도 한다. 코르테스와 연합해 아즈텍을 무너뜨린 부족들 입장에서는 백인들과 동맹을 맺어 압제자를 물리친 역사이기도 하기 때문이다. 다시 코르테스의 복수전으로 돌아가자.

1520년 12월 코르테스는 텍스코코를 점령하는 것으로 전쟁을 개시한다. 테노치티틀란을 바로 공격하는 대신 주변 도시들을 먼저 함락하는 방식을 취한 것이다. 함락했다, 라고 쓰지만 실제로는 학살이었다. 이스타팔라파라는 도시에서는 6천 명이 살해되었다. 드디어 테노치티틀란 공략을 결정한 코르테스는 무서운 기세로 공격을 퍼부었다. 그 사이 아즈텍의 주인은 바뀌어있었다. 퀴틀라우아크가 천연두로 사망하고 몬테수마의 사위이자 조카인 쿠아우테목이 그 자리를 물려받은 것이다. 그는 젊고 현명하며 두려움이 없는 인물이었지만 불행히도 상황은 그의 편이 아니었다. 코르테스는 식수를 차단했고 테노치티틀란은 굶주림으로 고통을 받았다. 1521년 테노치티틀란은 손을 들었고 쿠아우테목은 포로 신세가 된다. 목을 쳐달라는 쿠아우테목의 요청을 코르테스는 들어주지 않았다. 대신 그와 그의 가족을 예의를 갖춰 정중하게 모시도록 지시했다.

코르테스는 황금이란 황금은 모조리 긁어모아 카를로스 황제에 보냈고 황제는 답례로 그를 총독에 임명했다. 황금의 땅을 차지했지만 코르테스는 정복을 끝낼 생각이 없었다. 그는 오늘 날의 과테말라와 엘살바도르를 침공했고 그 사이 부하에게 배신을 당했으며 비방과 모략 끝에 에스파냐로 돌아가 자신을 변호해야했고 최종적으로는 총독 자리를 내놓아야 했다. 이후 나이가 든 코르테스에게 큰 모험이나 정복을 맡기는 사람은 없었다. 에스파냐 세비야에서 칩거하던 그는 급작스럽게 건강이 악화된 끝에 1547년 12월 2일 62세로 세상을 떠난다. 에스파냐령 아메리카 식민지 시대를 연 인물이었지만 살아서는 제대로 대접을 받지 못했던 한 남자의 쓸쓸한 퇴장이었다. 오늘 날 코르테스에 대한 멕시코 현지의 평가는 생각만큼 그렇게 나쁘지 않다. 인구의 90% 이상이 가톨릭에 에스파냐어와 에스파냐식 이름을 사용하며 인구의 60%가 혼혈(메스티소)인 멕시코는 아즈텍 제국에 대한 향수와 함께 에스파냐의 유산 또한 부정하지 않는다. 학살이 있었다고는 하지만 대부분은 아즈텍에 짓눌려 있던 원주민들의 분노가 폭발한 경우였고 코르테스는 불필요한 민간인 학살을 거의 저지르지 않았다. 게다가 코르테스는 자신과 원주민 여성 사이에서 태어난 메스티소 아이들을 사랑했다. 사생아로 취급하기는커녕 적자로 인정해 달라고 교황에게 탄원을 했고 실제 4명의 아이들이 적자 인정을 받았다. 코르테스를 멕시코 메스티소의 시조라고 평가하는 이유다. 2019년에는 코르테스의 16대손인 아스카니오 피냐텔리가 몬테수마 2세의 14대 후손인 페데리코 아코스타와 만나 화제가 되기도 했다.

12.
잉카 제국의 최후

　프란시스코 피사로가 태어난 곳은 에스파냐 남서부의 에스트레마두라 지방이다. 외지고 거칠다는 라틴어 estrema dura에서 유래한 지명처럼 사람 살기 좋은 땅이 아니었다. 땅이 거칠면 사는 사람들의 기질도 온화하기 힘들다. 유럽인으로는 최초로 남태평양을 발견한 바스코 누녜스데 발보아가 이곳 출신이다. 그는 파나마에서 원주민을 고문하고 학살하는 것으로 정복 생활을 시작했다. 벨라스케스를 도와 멕시코와 중앙아메리카를 정복하고 과테말라, 엘살바도르, 온두라스의 식민지 총독을 역임한 페드로 데 알바라도도 여기 출신이다. 그리고 아즈텍을 무너뜨린 에르난 코르테스 역시 이 지역 출신이다. 하나같이 무자비한 정복자였다. 피사로 역시 이들과 다르지 않았다. 그는 사생아였다. 재산을 물려받을 권리가 없었고 당연히 자기 힘으로 세상을 헤쳐가야 하는 운명을 타고 났다. 피사로가 선택한 것은 군인의 길이었다. 그는 1490년대 말부터 전쟁터에 나가기 시작했다. 르네상스 시대 이탈리아 반도의 패권을 두고 프랑스와 합스부르크가⁂가 벌인 이탈리아 전쟁이다. 전쟁은 피사로를 단련시켰고 그는 대담한 전투 기술과 적에 대한 무자비를 배웠다.

피사로가 에스파냐를 떠나 신대륙으로 간 것이 1502년이다. 부자가 되고 싶었고 유명해지고 싶었다. 피사로의 육촌인 에르난 코르테스도 같은 배를 타기로 되어 있었다. 앞에서 말한 대로 그는 밀통을 하다 여자의 남편에게 맞아 부상을 당해 배를 타지 못했다. 그로부터 7년 동안 피사로의 행적은 알려진 바가 없다. 1509년 피사로는 알론소 데 오헤다와 다시 정복에 나선다. 오헤다는 콜럼버스와 2차 항해를 같이 했고 1499년부터는 독자적으로 활동을 한 인물로 당시 남아메리카 북부 지역 에스파냐령 총독이었다. 시작은 좋지 않았다. 피사로와 오헤다는 콜롬비아의 투르바고라는 마을에서 매복해있던 원주민들의 공격을 받았고 70여 명 병사들을 거의 다 잃는 실패를 맛본다. 이듬해 두 사람은 다시 출항했고 해안가에 산세바스티안이라는 요새를 만드는 것으로 정복활동을 재개한다. 그러나 원주민들의 공격을 막아내는 것만으로도 벅찬 상황이었고 오헤다는 증원군과 보급품을 찾아 떠나야 하는 상황이 된다. 그는 산세바스티안의 관리를 피사로에게 맡겼는데 두 달 안에 자신이 돌아오지 않으면 요새를 떠나도 좋다고 말한다. 두 달 후에도 오헤다는 돌아오지 않았고 피사로는 소수의 병력을 이끌고 오늘 날의 카리브 해안에 있는 항구인 카르타헤나로 떠난다. 카르타헤나로 가는 도중 피사로는 마르탱 엔시소가 이끄는 증원군과 만났고 산세바스티안으로 돌아온다. 그러니까 오헤다와 엔시소는 길이 엇갈렸던 것이다

산세바스티안은 원주민의 공격으로 폐허가 되어 있었다. 결국 피사로와 엔시소는 또 다른 거점을 찾을 수밖에 없었고 그게 우라바만의 다리엔이라는 곳이다. 총독으로 임명된 것은 엔시소였지만 부하들은 그

의 능력을 신뢰하지 않았고 바스코 누녜스 발보아라는 인물을 총독으로 세운다. 이는 엄연한 반역이었다. 총독은 왕이나 왕의 대리인만이 임명할 수 있었기 때문이다. 엔시소는 에스파냐로 돌아와 부당함을 호소했고 발보아 체포령이 떨어진다. 새로 임명된 총독이 부임하기 직전인 1513년 발보아는 다리엔을 떠난다. 발보아와 그의 부하들은 중앙아메리카의 동해안에 상륙하여 파나마 지협을 통과한다. 파나마 지협은 대서양과 태평양을 가로지르는 아메리카 대륙에서 가장 폭이 좁은 땅으로 64km에 불과하다. 발보아는 산미구엘이라는 정착지를 세우고 총독 노릇을 한다. 다리엔에 새 총독이 부임한 게 그즈음으로 페드라리아스라는 인물이다. 페드라리아스의 지시로 피사로는 발보아 체포 작전에 들어가고 1519년 그를 잡아 참수한다. 덕분에 피사로는 꽤 넓은 영토를 하사받았고 사치스럽고 풍요로운 일상을 얻는다. 그러나 안락한 환경은 그의 기질과 어울리지 않았다. 더 많은 황금과 더 넓은 땅 그리고 명예에 대한 욕망으로 피사로는 밤새 뒤척이는 날이 많았다. 1521년 에르난 코르테스가 겨우 수 백 명의 병력으로 정복했다는 소식에 그의 불면증이 심해진다.

1522년 피사로는 역시 같은 증세를 앓고 있던 디에고 데 알마그로와 에르난도 데 루케를 만났고 바로 의기투합한 끝에 회사를 설립한다. 알마그로는 군인이었고 루케는 성직자였다. 피사로는 원정대의 대장을, 알마그로는 장비와 식량의 보급을 그리고 루케는 회사 운영을 책임지는 것으로 역할을 분담한 이들은 1524년 페루 원정을 떠난다. 성과는 별로였다. 두 번째 원정은 1526년이었다. 페드라리아스에 이어 총독으로 부임한 페드로 리오스는 원정 활동에 호의적이지 않았다. 그는 피사로 일당에게 원정을 취소하고 돌아올 것을 권고하는 메시지를 보냈고 피사로는 이를 거부한다. 대원 중 13명이 피사로와 뜻을 같이 하고 잔류를 선택한다(당장은 고생이었지만 이들은 나중에 잉카 제국을 정복하면서 부와 명예를 누리는 보상을 받는다). 피사로는 총독을 건너뛰고 카를로스 1세에게 직접 원정활동을 호소하기로 마음먹는다. 아마도 코르테스에게서 배운 것이리라. 1528년 피사로는 에스파냐 세비야로 돌아온다. 황제는 이미 잉카 제국의 존재에 대해 알고 있었다. 피사로의 설득은 성공적이었고 카를로스 1세는 그에게 기사 작위를 내리고 정복한 새로운 땅의 통치권을 하사한다.

잉카 제국(자신들이 부르던 호칭은 타완틴수유)은 1438년부터 1533년까지 약 100년 간 존속했던 제국이다. 영토를 보면 지금의 페루, 에콰도르 서부, 볼리비아 남서부, 칠레, 아르헨티나 북서부, 콜롬비아 남서부 등 총 6개국에 걸친 광대한 지역으로 2,000,000km²에 달한다(현재 서아시아 최대국가인 사우디아라비아가 2,149,690km². 한반도는220,952km²). 이 엄청난 영토를 통치한 비법은 장장 38,600km에 달하는 도로망이었다. 2012년 현재 우리나라 일반국도가 1만 2,760km, 고속도로가 4,000km이니 그 규모를 짐작할 수 있는데 지도를 보면 왜 그렇게 긴 도로망이 필요했는지 금방 알 수 있다.

흔히 '잉카의 길'이라고 부르는 이 도로망은 황제의 긴급 명령 하달과 변방의 수호, 감찰을 위한 것으로 20~30km마다 일종의 역참驛站 역할을

에콰도르

남아메리카

페루

볼리비아

태평양

칠레

아르헨티나

구조적으로 촘촘한 도로망 없이는 다스릴 수 없었던 형태의 제국이다. 길을 좋아해서 취미로 깐 게 아니라는 말씀

하는 탐보Tambo를 설치하고 각 탐보에는 파발꾼 역할을 하는 차스끼Chasqui가 대기하고 있었다. 차스끼는 귀족 젊은이들 가운데에서 달리기를 잘하는 청년이 선발되었다고 한다. 황제는 사파 잉카라고 불렸는데 '유일한 통치자'라는 뜻이었다. 잉카라는 말은 중심 부족과 지배계급을 가리키는 말이다. 잉카인들은 사파 잉카를 태양신의 대리인으로 여겼고 황제는 사제 역할을 했으니 신정국가 체제였던 셈이다. 잉카 제국 최고의 전성기는 12번째 황제 우아이나 카팍 시기이다. 그는 대중들에게 인기가 많았고 잉카인들은 그를 '덕이 넘치는 젊은 지도자'라고 불렀다. 우아이나 카팍 통치 기간 중 잉카 제국 영토가 가장 넓었기 때문이다. 불

행히도 이 탁월한 지도자는 에스파냐인들의 침공이 있기 바로 직전인 1525년 세상을 떠났다.

피사로, 알마그로, 루케가 정복 계획을 짜는 동안 잉카 제국은 내전으로 들어가고 있었다. 사파 잉카가 죽으면서 장자가 황위를 물려받는다. 전통에 따라 우아이나 카팍의 장자인 니난 쿠요치가 황위에 올랐지만 얼마 안 가 사망하면서 상황이 꼬이기 시작한다. 먼저 움직인 것은 쿠스코 귀족들의 지지를 받고 있었던 차남 우아스카르였다. 순발력 있게 황위를 차지한 우아스카르는 경쟁자이자 이복동생인 아타우알파를 키토의 통치자로 임명한다(키토는 현재의 에콰도르). 그러나 우아스카르는 불안했고 아타우알파는 불만이었다. 아슬아슬한 평화가 깨지고 두 세력이 격돌한다. 승자는 아타우알파였다. 동생은 형에게 자비를 베풀지 않았다. 우아스카르가 보는 앞에서 그의 가족들을 처형했고 공포 분위기를 조성했다. 그러나 현명한 판단은 아니었다. 반대세력에게 겁을 주는 데는 성공했지만 그들의 증오를 키웠기 때문이다. 위기는 다른 쪽에서 왔다. 에스파냐의 정복군이 제국에 침입한 것이다. 아타우알파는 귀족들을 보내 이들을 미리 만나보게 한다. 106명의 보병에 62명의 기병들로 이루어진 군대라는 보고에 아타우알파는 코웃음을 친다. 이들을 단순히 숫자로만 이해했고 자신의 병력은 8만 명이 넘는 대군이었기 때문이다. 그러나 피사로가 어떤 계획을 가지고 제국을 침범했는지 알았더라면 이들을 그렇게까지 허술하게 다루지는 않았을 것이다.

피사로는 자신의 사촌인 코르테스가 아즈텍을 점령할 때 사용했던 방법에 깊은 감명을 받았다. 전면전을 벌이는 대신 황제를 납치하고 순식간에 권력을 붕괴시키는 전략을 그는 잉카에서도 재현하기로 한다. 아타우알파가 귀족들을 보냈던 것처럼 피사로는 동생인 에르난도 피사로와 심복인 데소토를 사파 잉카에게 사절로 보낸다. 두 사람은 말을 타고 잉카인들의 야영지로 들어가 황제를 알현한다. 피사로를 만나러 오지 않겠느냐는 제안에 아타우알파는 기꺼이 응했고 그것은 불행의 시작이었다. 다음 날 아타우알파는 피사로의 야영지를 방문한다. 군대도 없이 귀족 6천 명만을 동반한 참 호기로운 행차였고 애초부터 평화 협상 따위는 염두에도 없었던 피사로에게 이보다 고마운 일은 없었을 것이다. 피사로는 자신들은 가톨릭 전파를 위해 이곳에 온 것이라며 기독교와 에스파냐의 지배에 복종할 것을 요구한다. 아타우알파는 피사로가 건네 준 레케리미엔토(요구사항들)를 구겨버리는 것으로 대답을 대신한다. 레케리미엔토는 에스파냐 황제가 모든 탐험가들에게 내린 준칙으로 원주민을 만났을 때 반드시 읽어주도록 한 기도서였다. 핑계를 만드는데 성공한 피사로는 즉시 공격 신호를 보낸다. 원정대는 사방에서 잉카인들을 공격했고 난생 처음 듣는 총소리와 사방으로 질주하는 기병대에 놀란 귀족들은 도망치기에 바빴고 아타우알파는 결국 포로로 잡힌다. 이날 죽은 잉카인은 무려 2,000여 명으로 겨우 180여 명의 에스파냐 원정대가 올린 성과로는 엄청난 것이었다. 에스파냐인 사망자는 없었고 부상 한 명이 전부였다. 그게 바로 피사로로 한 병사 아타우알파를 죽이려드는 순간에 그를 제지하다 손을 베였다.

아타우알파는 가로와 세로가 5m, 7m에 높이가 3m인 방에 금을 가득

채워주는 것으로 자신의 몸값을 제시했고 피사로는 두 달 기한으로 제안을 수락한다. 잉카의 길로 왕의 전령들이 달렸고 몸값은 얼마가지 않아 피사로의 손에 들어온다. 황금을 챙겼으니 이제 걸리적거리는 황제를 제거하고 직접 잉카 제국을 다스릴 차례다. 에스파냐인들은 황제를 고발한다. 죄목은 세 가지로 일부다처, 우상숭배, 왕권찬탈 혐의였는데 그야말로 말도 안 되는 트집이었다. 사카 잉카는 한 명 이상의 부인을 두는 것이 의무였으며 우상 숭배가 아니라 잉카의 종교적 풍습일 뿐이었다. 그나마 말이 되는 게 왕권찬탈이었는데 대체 에스파냐인들이 뭐라고 남의 나라 정권 탈취전에 간여한다는 말인가. 에스파냐인들의 논리는 잉카가 에스파냐 황제의 통치권에 들어가기 때문에 이를 단죄할 수 있다는 것이었다. 구색 맞추기, 허수아비로 세운 잉카인 몇 명과 에스파냐인들로 구성된 배심원단은 아타우알파에게 화형 판결을 내린다. 에스파냐 신부는 기독교를 받아들이면 화형은 면하게 해주겠다고 제안했고 아타우알파는 이를 받아들여 처형 직전 세례를 받는다. 세례명은 후안 데 아타우알파였다. 아타우알파는 교수형에 처해진 후 기독교 의식에 따라 주둔지에 임시로 세웠던 산프란시스코 성당에 묻혔다. 누가 거기 묻어 달랬나. 참 어이가 없어 말이 나오지 않는 전개 과정이다.

당시 잉카 제국의 인구는 대략 1,200만 명 정도, 군대는 말한 대로 8만 명의 규모였다. 그런데 겨우 180명의 에스파냐 군대에게 제국이 무너졌으니 이는 신기를 넘어 미스터리한 일이 아닐 수 없다. 이는 아즈텍이 무너진 것과는 차원이 다르다. 강역만 따져도 잉카 제국은 아즈텍 제국보다 열 배 가량 거대했고 인구도 아즈텍이 6백만 명이 채 되지 못했던 것에 비해 잉카 제국은 그 두 배였다. 게다가 테노치티틀란을 중심으로 한 아즈텍의 도시 연맹과 달리 잉카 제국은 중앙집권적인 구조를 갖추고 있었다. 아타우알파가 몸값을 마련할 때 최고지도자가 부재한 상황에서도 각지에서 보물을 끌어 모을 행정력이 발휘된 것을 보면 이름만 황제가 아니라 실권을 가진 진짜 황제였다. 아즈텍이 체계적으로 피지배 부족 사람들을 죽이고 인신공양을 한 덕분에 사방이 증오집단이었던 것과 달리 잉카는 지배계급 내부의 분열은 있었지만 백성들의 이반 심리는 없었다. 아무리 생각해도 참 신기한 몰락이었다.

이 신기한 몰락을 가능하게 해줬던 것이 바로 천연두다. 침공 당시 에스파냐 인들은 각종 전염병에 어느 정도 면역력을 가지고 있었지만 신대륙에서는 완전히 새로운 전염병으로 무지막지한 살상력을 발휘했다. 코르테스가 테노치티틀란을 공격했을 때 멕시코인들이 항복한 것도 결국은 천연두 때문이었다. 30만 테노치티틀란 인구 중 절반이 천연두로 사망했다. 피사로가 잉카제국에 도착했을 때 이미 천연두는 잉카제국 전역에 퍼져있었다. 우아이나 카팍과 니난 쿠요치가 천연두로 목숨을 잃었고 잉카사람들은 괴질에 대한 공포로 이미 정신적으로 무너진 상태였다. 두 제국을 합쳐 2,000만 명에 달했던 인구가 1618년 160만 명으로 급감했다. 아즈텍과 잉카 두 제국 모두 제국 멸망의 징후에 대한 미신을 가지고 있었고 그 미신의 역할을 해 준 것이 천연두였으니 신기하면서도 어쩌면 당연한 몰락이었을지도 모르겠다.

간단히 후일담을 정리해보자. 쿠스코에서 약탈한 부를 이용해 신도시엘 시우다드 데 로스 레예스(현재 리마)의 건설에 착수하던 피사로는 알마그로와 대립구도를 형성하게 된다. 1534년 에스파냐 왕이 알마그로를 페루 남쪽에 있는 칠레(당시 이름은 뉴톨레도) 총독으로 임명하면서 피사로의 신경이 예민해진 것이다. 결국 두 세력 간에 전투가 벌어졌고 패배한 알마그로는 참수된다. 알마그로의 잔당들을 소탕하지 않은 것은 피사로의 최대 실책이었다. 기회를 엿보던 잔당들은 식사 중인 피사로를 습격했고 사방에서 칼로 그의 몸을 뚫었다. 피사로는 자신의 피로 바닥에 십자가를 그으며 생을 마감했다(향년 65세 혹은 다른 기록에 따르면 70세). 잔당들은 알마그로의 아들을 총독으로 추대했다. 정복을 했다지만 자칫 아타우알파의 지지 세력들이 들고 일어나기라도 하면 정복은 물거품이 된다. 에스파냐 본국에서는 흉흉한 소문을 잠재우기 위해 특사를 파견했고 그는 알마그로의 아들을 처형하는 것으로 소임을 다한다. 피사로의 형제들도 행복한 결말을 맞이하지는 못했다. 에르난도는 에스파냐 감옥에서 20년간 수형생활을 하다 겨우 풀려났고 후안은 전사했으며 곤살로는 반역죄로 목이 잘렸다. 잉카에서 그들이 저지른 만행을 생각하면 뿌린 대로 거둔 삶이었다.

코르테스의 아즈텍 정복과 달리 피사로의 잉카 정복은 에스파냐를 완전히 다른 나라로 바꿔놓았다. 엄청난 양의 금과 은이 채굴되어 에스파냐로 건너갔고 덕분에 에스파냐는 16세기 유럽에서 가장 부유하고 유력한 국가로 성장했다. 이는 산업혁명과 제국주의로 이어지는 발판이 되었으며 유럽을 가난한 대륙에서 세계의 패권을 쥐고 흔드는 세력으로 만든 원동력이 되었다. 그러나 에스파냐에게 금, 은의 대량 유입은 장기적으로 바람직하지 못한 결과를 가져왔다. 인플레이션이 가속화됐고 1500년에서 1560년 사이에 두 배로 뛴 물가가 1600년에는 또 두 배가 되었다. 국내 공업 발전을 외면하고 외국의 값비싼 물건을 사들일 생각 만 한 결과 제조업이 멈췄고 최고의 수출 상품이었던 양모는 아일랜드 에게 1위 자리를 내줬다. 에스파냐로 유입된 금과 은은 대부분 에스파 냐를 살짝 경유해서 유럽 대륙으로 흘러들어갔다. 그리고 그 사이 새로 운 바다의 강자가 떠오르고 있었다.

13.
포르투갈의 허무한 몰락

　아무리 달이 차면 기우는 게 세상의 이치라지만 포르투갈처럼 급속하게 몰락하는 경우도 쉽지 않다. 영토는 작고 인구는 적었지만 누가 봐도 제국이었다. 아시아 무역네트워크를 장악했고 부가 넘쳐났다. 어마어마했던 아시아 무역 네트워크의 흔적은 아직도 우리 주변에 남아있다. 빵, 카스텔라, 카스테라, 덴뿌라, 소보로, 카라멜, 비로도, 조끼, 메리야스, 베란다, 고뿌(컵), 탱크(물 담는 대형 용기) 등이 모두 포르투갈과 교역하던 일본 센코쿠 시대부터 쓰기 시작한 말들로 우리에게도 익숙한 단어들이다. 그런 나라가 침체에 빠져들기 시작한 것은 마누엘 1세를 이은 주앙 3세부터다. 일단 향신료 수입이 늘면서 가격이 하락했다. 반대로 유럽으로 향신료를 실어오는 비용은 증가했는데 비대해진 제국의 어쩔 수 없는 운명인 관료주의가 비효율을 가져온 까닭이다. 아시아로 보내는 제품을 자국에서 생산하지 않고 네덜란드 등 북유럽 국가에서 수입해 충당한 것은 치명적인 실수였다. 무역에서 발생한 이익은 상품 구입비로 빠져나갔고 무역 규모가 커질수록 잉글랜드와 북유럽 국가들만 살찌는 결과를 가져왔다. 신대륙에서 공수해 온 노예 농업은 자영농을 몰락시

컸다. 가뜩이나 인구 부족인 국가다. 몰락한 자영농은 브라질 등 해외 식민지로 빠져나갔고 인구 감소는 더욱 심각한 상황이 되었다. 대신 주앙 1세 시기 200명에 불과했던 왕실 관리는 4,000명으로 늘어났다. 왕실의 지출이 수입을 넘어서기 시작했고 국가 부채도 늘어났다. 대수술이 필요한 시기였다. 그러나 주앙 3세는 그럴 의지도 능력도 없는 인물이었다. 일단 그는 진취적인 교육 대신 낡은 교육을 받았다. 그의 어머니 마리아는 에스파냐 부부왕의 셋째 딸이었고 당연히 교육은 정통 가톨릭으로 이루어졌다. 정통 가톨릭이 무엇인가. 여전히 중세의 신화에 사로잡혀 이교도 척살이나 십자군 따위를 꿈꾸는 상태를 말한다. 과연 주앙 3세는 1536년 종교 재판소를 설립한다. 이게 사회의 활력을 얼마나 잡아먹는지는 앞에서 설명한 바 있다. 종교 재판소의 타깃은 기독교로 개종한 유대인들이었다. 일부는 투옥되고 다수가 포르투갈을 탈출하는 동안 인력난은 더욱 극심해진다. 공포와 독선의 시대에 진취적인 기상과 부와 명예를 추구하는 욕망은 설 자리를 잃는다. 그저 목숨이나 부지하자는 인간들이 늘어났고 과거에 비추어 이는 명백한 퇴행이었다. 주앙 3세는 예수회를 받아들이는 것으로 포르투갈 중세 회귀의 정점을 찍는다. 종교 개혁에 맞서기 위해 조직된 예수회는 퇴행과 반동의 가톨릭 조직이다. 모든 환경은 충분히 절망적이었고 파멸의 마지막 문을 열어젖힐 사람을 기다리고 있었던 게 당시의 포르투갈이었다.

후계자였던 왕자가 일찍 죽고 주앙 3세의 자리를 세 살짜리 손자 세바스티앙이 이어받으면서 몰락의 속도는 빨라진다. 섭정 자리를 놓고 할머니인 카탈리나와 주앙 3세의 동생인 작은 할아버지 엔히크가 격돌한 것이다. 카탈리나는 카를 5세의 여동생으로 포르투갈 사람이 아니다. 반 에스파냐 정서에 힘입어 엔히크는 카탈리나를 무찌르고 섭정 자리를 차지한다. 추기경이자 종교 재판소 소장이었던 엔히크였으니 그의 섭정이 어떻게 진행되었을지는 안 봐도 빤하다. 어린 왕의 교육은 예수회에 맡겨졌다. 근대로 넘어가는 길목에서 세바스티앙은 중세식 교육을 받았다. 한마디로 십자군이요 둘로 말하면 플러스 이슬람 박멸이다. 세바스티앙이 친정을 시작한 것이 15세부터였다. 어떻게든 포르투갈을 탈바꿈해야 하는 절박한 시대 상황을 외면하며 그의 열정은 기독교의 전파로 불타올랐다. 어려서부터 듣고 배운 것이니 어쩔 수 없는 일이기도 했다. 빈 국고는 유대인들을 쥐어짜서 채웠다. 부족한 병력은 용병으로 채웠다. 국내에서 이교도를 색출하는 것을 넘어 이슬람을 박멸해야 한다는 세바스티앙의 중세적 사고는 결국 사고를 치고 만다. 1574년 스무 살이 된 세바스티앙은 아프리카 원정을 발표한다. 세바스티앙의 목표는 모로코였다. 내전이 발생했고 침공이 상대적으로 쉽다는 판단이었다. 배우다 만 것은 이래서 위험하다. 내전 상황이 침공의 가장 좋은 상황인 것은 맞지만 문제는 모로코가 해안 도시가 아니라 내륙 도시였다는 것이다. 상륙으로 끝나는 게 아니라 적진을 헤치고 들어가야 하는 이 위험한 전쟁을 세바스티앙은 너무 쉽게 생각했다. 1578년 세바스티앙은 1만 7천여 명의 병력과 500척의 함선으로 모로코를 침공한다. 그것이 세바스티앙의 마지막 행적이 되었다. 허무하게 전사한 왕의 죽음에 슬퍼할 틈도 없이 포르투갈은 또 다시 후계자 문제로 요동친다. 주앙 1세의 후손 중 살아있는 남자는 엔히크가 유일했다. 그의 나이는 66세, 후사를 보기 어려운 나이다. 엔히크가 후손 없이 세상을 뜨면 가장 유력한 후보는 에스파냐의 펠리페 2세가 된다. 왕조가 끊기고 왕국이 통째로 넘어가는 상황에서 포르투갈은 허둥댔고 결국 1580년 포르투갈 왕위는 펠리페 2세에게 넘어간다(포르투갈에서는 필리프 1세로 호칭됐다). 역사에서는 이를 이베리아 연합이라고 부르지만 포르투갈 입장에서는 수치의 시간이다. 이때부터 60년 간 포르투갈은 에스파냐의 속국으로 살아야했다. 펠리페 2세는 포르투갈의 자유와 특권을 모두 인정하며 포르투갈의 통치는 포르투갈 사람들에게 맡긴다고 선언한다. 자국의 왕위도 지키지 못한 나라다. 위기 탈출에 성공하지 못했던 포르투갈은 후발주자인 잉글랜드와 네덜란드에게 해상 무역의 이권을 하나씩 넘겨주었고 제국의 지위를 상실한다. 포르투갈의 시대는 그렇게 허무하게 끝났다. 그리고 이후로도 영원히 돌아오지 않았다.

14.
펠리페 2세와 에스파냐 무적함대의 침몰

카를로스 1세이자 카를 5세는 역사상 가장 운이 좋은 남자였다(이하 카를 5세로 표기). 포르투갈의 마누엘 1세도 행운의 사나이로 꼽히기는 하지만 그건 이베리아 반도 내에서나 그랬다는 얘기고 카를 5세처럼 전 유럽적인 행운이 몰려온 인물에 비하면 시시하고 사소한 운이었을 뿐이다. 나왔던 얘기지만 다시 정리하자면 카를 5세의 할아버지 막시밀리안 1세는 신성로마제국의 황제였다. 외할아버지는 아라곤의 페르난도 2세, 외할머니는 카스티야의 이사벨 여왕이었으며 아버지는 부르고뉴의 대공 펠리페, 어머니는 에스파냐의 상속자인 후아나였으니 이 상속권을 모두 합치면 유럽의 거의 절반이다. 금수저 중의 금수저가 바로 카를 5세였던 것이다. 행운만큼 인생이 평탄했냐면 그건 또 아니다. 물려받는 게 중요한 게 아니라 다스려야 한다. 제국을 유지해야 하고 목에 칼을 꽂으려는 적들과 싸워야 한다. 그것은 행운의 이면으로 결론적으로 그의 삶은 복잡하고 힘겨웠으며 최종적으로 쓸쓸했다. 카를 5세가 에스파냐 왕위를 물려받은 것은 1516년으로 외할아버지인 페르난도 2세가 세상을 떠난 후다. 그의 나이 16세 때의 일이다. 그는 에스파냐 출생도 아니었고 에스파냐에 대해 아는 것도 없었다. 그러나 젊은 나이였고 의욕도 넘쳤다. 1517년 어머니 후아나를 만나 정통성을 공인받은 카를 5세는 에스파냐 전역을 돌며 존재감을 드러냈고 지역 귀족들로부터 충성서약을 받아냈다. 1519년 할아버지인 막시밀리안 1세가 사망한다. 신성로마제국의 황제 자리는 선출직이다. 카를 5세는 황제직에 입후보했고 가장 강력한 경쟁자는 프랑스의 프랑수아 1세였다.

신성로마제국의 선거인단인 일곱 명의 선제후에 대해 불꽃 튀는 매수전이 벌어졌고 승자는 카를 5세였다. 개인에게는 경사였지만 에스파냐에게는 아니었다. 카를 5세가 통치를 이유로 에스파냐를 비울 가능성이 높아졌기 때문이다. 에스파냐는 카스티야와 아라곤 국왕의 결혼으로 탄생했고 내부적으로는 아직 통합되지 않은 상태였다. 문화도, 역사도, 경제적인 상황도 다른 2 체제, 1왕국의 기초를 다지려면 왕의 존재와 강력한 왕권이 필수였다. 카스티야의 지도자들은 카를 5세에게 세 가지를 요구했다. (가급적) 에스파냐를 떠나지 말 것, 에스파냐의 재정을 외국의 일에 투입하지 말 것 그리고 측근인 플랑드르 사람들을 에스파냐 요직에 앉히지 말 것. 세 번째 요청은 어느 정도 지켜졌지만 첫째와 둘째는 태생적으로 카를 5세가 이행하기 어려운 것이었다. 1520년 카를 5세는 신성로마제국 황제 취임식을 위해 에스파냐를 떠난다. 카스티야 사람들은 어쩔 수 없는 이 외유를 트집 잡아 반란을 일으켰다. 1521년 4월까지 도시를 중심으로 벌어진 이 반란은 민족주의적인 색채가 강한 일종의 자주권 수호 투쟁이었지만 명확한 목표와 리더가 없었던 까닭에 실패할 수밖에 없는 투쟁이었다. 군대는 반란군을 격파했고 1522년 7월 카를 5세가 에스파냐에 돌아왔을 때는 오히려 그의 권위는 더 단단해져 있었다.

카를 5세 시기의 에스파냐는 강대국으로 급성장하는 청년기 국가였다. 콜럼버스가 발견한 신대륙에서 본격적인 정복활동이 벌어졌고 코르테스와 피사로는 각각 아즈텍과 잉카를 무너뜨렸다. 잉카에서 금과 은이 쏟아져 들어오는 사이 마젤란은 세계 일주를 성공했으며 아시아 무역 네트워크에도 손을 뻗쳤다. 이럴 때는 관리만 잘 해도 국가가 어렵지 않게 굴러간다. 카를 5세는 자신의 부재를 메울 인물로 프란시스코 델로스 코보스를 기용했다. 코보스는 에스파냐 귀족 가문 출신으로 산티아고의 기사와 수석 사령관을 거쳤으며 카를 5세와는 비서로 인연을 맺었다. 1522년부터 본격적으로 왕실 업무를 관리하기 시작했고 1529년부터는 사실상 에스파냐 행정부를 인솔했는데 일처리가 신속하고 깔끔한데다 잡음이 별로 없어서 덕분에 카를 5세는 과중한 업무 하나를 덜 수 있었다.

카를 5세의 골머리는 유럽 본토였다. 서방 기독교 진영의 상징적인 수장으로 오스만 튀르크 제국과 맞서야했고 신성로마제국 내부에서는 종교 개혁 세력과 신경전을 벌여야했다. 합스부르크 왕가의 영원한 라이벌인 프랑스와는 선대로부터 이어진 이탈리아 전쟁을 했는데 프랑수와 1세가 오스만의 쉴레이만 1세와 동맹을 맺으면서 고생은 배로 늘어난다. 1554년 후계자인 펠리페를 잉글랜드 여왕 메리 튜더와 결혼시킨 것도 프랑스를 압박하기 위한 것으로 에스파냐에서 잉글랜드를 통해 저지대 국가로 이어지는 보급선을 확보하기 위한 것이었다. 저지대 국가는 오늘날의 벨기에, 네덜란드, 룩셈부르크 그리고 프랑스 북부 지역 일부와 독일 서부 지역 일부를 말한다. 영토는 넓었고 문제는 사방에서 터졌다. 해도 해도 끝없이 밀려드는 업무에 카를 5세는 지쳐갔다. 1556년 카를 5세는 아들과 동생에게 제국을 분할 상속한다. 아들인 펠리페에게는 에스파냐와 저지대 국가 그리고 이탈리아를 물려줬다. 동생인 페르디난트에게는 신성로마제국 황제 자리와 오스트리아, 헝가리, 보헤미아를 상속했다. 속 시원하게 모든 업무를 털어 낸 카를 5세는 에스파냐 산골의 한 수도원에서 은거하다가 조용히 세상을 떠났다(얼마나 머리가 아프고 지긋지긋했으면). 1558년 9월 21일의 일이다.

펠리페 2세는 통일 에스파냐의 2대 국왕이다. 재위 기간이 1556년부터 1598까지 무려 40년이 넘는데 그 기간 동안 에스파냐는 유럽 최강국으로 떠올랐고 3세기에 걸친 에스파냐 의 전성시대를 열었다. 펠리페 2세는 일만 하는 사람이었다. 그것도 아주 꼼꼼하게. 덕분에 별명도 '신중(愼重)왕'이었다. 신중의 다른 표현이 우유부단이다. 그는 신중하게 우유부단했고 그런 와중에 가끔은 사람을 너무 쉽게 믿어 일을 그르치기도 했다. 펠리페 2세의 눈은 항상 빨갛게 충혈상태였다. 보고서로 올라온 서류란 서류는 모조리 읽었기 때문이다. 그는 서류 속에서 편안함을 느꼈다. 이는 자신의 롤 모델이었던 아버지 카를 5세를 본받은 덕분이었다. 카를 5세는 일에 치어 살다가 스스로 황제 자리를 던진 사람이다. 던지는 것 대신 매달리는 것만 따라하려 했던 펠리페 2세였고 그의 과로는 결국 판단 미스로 이어진 끝에 제국에 위기를 불러온다. 무능했던 것은 아니다. 지구상에 해가 지지 않는 나라를 처음으로 구현한 것도 펠리페 2세였다. 필리핀, 네덜란드, 밀라노 공국, 부르군디 공국, 사르데냐 섬, 시칠리아 섬, 나폴리 왕국, 아프리카 대륙의 남서부, 인도의 서해안, 말라카, 보르네오 섬 등이 펠리페 2세 시기에 에스파냐령이 되었다. 에

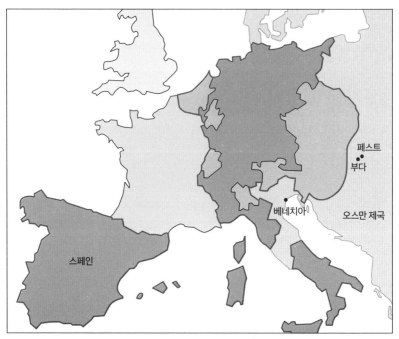

카를 5세 재위 기간 중 제국의 영토. 과로사 안하고 수도원에서 자연사 한 게 기적이다.

스파냐 해군이 무적함대라는 칭호를 얻은 것도 펠리페 2세 때였다. 레판토 해전에서의 승리 덕분이다. 레판토 해전은 1571년 신성동맹(기독교 동맹)과 오스만 튀르크 제국이 그리스 남쪽 레판토에서 맞붙은 전투다. 오스만 튀르크 제국의 유럽 진출을 저지한 전투로 유명하며 1529년과 1532년의 오스트리아 빈 공방전과 함께 이슬람과 싸운 육상, 해상 2대 전투로 불리기도 한다. 발단은 베네치아의 조선소 화재 사건이었다. 100척이 넘는 배를 동시에 건조하는 조선소의 기능이 마비되자 오스만 튀르크 제국의 셀림 2세는 기다렸다는 듯이 300여 척의 함선과 6만여 명의 병력으로 베네치아의 키프로스 섬을 점령한다. 조선소 화재는 심각한 군사적 전력 상실이었다. 군함 외에도 대포, 총, 칼, 갑옷 등을 생산하는 군산복합체의 일시적인 기능 정지를 의미했기 때문이다. 베네치아는 교황청을 움직였고 교황청은 에스파냐를 선동해 신성동맹 함대가 결성된다. 비용은 에스파냐, 베네치아, 교황청이 3대 2대 1의 비율로 부담했고 총사령관은 펠리페 2세의 이복동생인 돈 주앙이 맡았다. 1571년 10월 7일 양측의 함선들이 횡렬로 대치한다. 선단의 규모는 비슷했다. 신성동맹은 갤리선 206척과 갤리어스 6척, 오스만 튀르크 제국은 갤리선 208척과 그보다 작은 배가 120척이었다. 병력도 역시 비슷하여 신성동맹 측이 7만 명, 오스만 튀르크 제국이 7만7000명이었다. 우세를 가늠할 수 없던 이 전투는 그러나 4시간 만에 신성동맹의 압도적인 승리로 끝난다. 신성동맹은 갤리선 40척 가량이 격침 또는 파손되었으나 오스만 튀르크 제국은 170여 척이 침몰하거나 나포됐다.

명성만큼 실속 있는 전투는 아니었다. 해전에서는 승리했지만 베네치아는 키프로스를 되찾을 체력이 없었고 오히려 에스파냐와의 불화로 오스만 튀르크와 강화조약을 맺었다. 유럽 시각의 역사책을 보면 오스만 튀르크의 피해가 엄청났던 것처럼 기술하고 있지만 실제로는 거의 타격을 입지 않은 전투였다. 당시 오스만 튀르크 제국의 재상인 소콜루 메흐메트 파샤는 "키프로스는 팔과 같고 우리의 패전은 수염과 같다. 당신네는 팔을 뽑았으니 다시 자랄 리 없지만 우리 수염은 다시 풍성하게 자랄 것이다." 라며 해전을 총평하기도 했다. 실제로 오스만 튀르크 제국은 그 이후 짧은 시간 안에 해군을 그대로 원상 복구해 유럽에 충격을 주었다. 참고로 오스만 튀르크 제국의 쇠퇴는 레판토 패전이 아니라 그로부터

110년이나 지나 벌어진 제2차 빈 공방전 실패 이후부터다. 에스파냐 역시 명분뿐인 승리, 아니 손해나는 장사였다. 애초부터 동지중해의 패권 문제는 서유럽과 네덜란드 문제보다 부차적이었고 오히려 1574년 오스만 튀르크 제국에게 튀니스를 빼앗기면서 북아프리카의 거점을 상실해버렸기 때문이다. 물론 레판토 해전의 의미를 과소평가할 수는 없다. 해전 이전인 1560년대까지 기독교 세계의 해군은 오스만 튀르크 제국의 공세에 제대로 대응하지 못했고 동지중해에 이어 서지중해까지 아슬아슬한 형편이었기 때문이다. 이걸 막아내는 계기가 되었다는 점에서 의미가 있는 해전이라는 것이 대략적으로 동의하는 레판토 해전의 결산이다. 중요한 것은 어쨌든 이 전투로 에스파냐 함대가 세계 최강이라는 타이틀을 얻었다는 사실이다. 그래서 무적함대? 아니다. 무적함대Armada Invencible는 16세기 지중해와 대서양을 누빈 스페인 해군의 이명異名으로 정식 명칭은 '위대하고 가장 축복받은 함대'다(아르마다는 그냥 함대라는 뜻). 무적함대라는 이름은 1588년 잉글랜드와의 칼레 해전을 앞두고 함대를 편성하면서 붙였는데 칼레 해전의 결과는 아시다시피 에스파냐의 완패다. 이때부터 영국 해군은 에스파냐 해군을 무적함대라고 불렀다. 그러니까 약간 조롱의 의미다. 여기에는 종교적인 이유도 있는데 당시 잉글랜드와 에스파냐 사이의 전쟁은 개신교(성공회)와 가톨릭 간 종교 전쟁의 성격을 띠었고 잉글랜드에서는 이를 '인간이 만든 무적함대'를 '신이 보낸 바람'으로 물리쳤다는 식으로 선전하기 위해서였다.

대항해 시대의 마지막 주자이자 마무리를 지은 것이 잉글랜드다. 이시기 잉글랜드는 정치 갈등과 종교 갈등이 엎치락뒤치락하면서 격변을 거듭하고 있었다. 헨리 8세가 앤 불린과 결혼하기 위해 로마 교황에게 에스파냐 공주 카탈리나(영어로는 캐서린)와의 이혼을 승인해 달라고 요청한 게 1533년이다. 카타리나는 페르난도 국왕과 이사벨 여왕의 막내딸이자 카를 5세의 이모다. 교황은 이를 불허했고 이에 헨리 8세는 로마와 결별하고 스스로 영국 교회의 수장이 되더니(성공회) 1536년에는 잉글랜드 내의 모든 가톨릭교회를 해산하고 재산을 압류한다. 헨리 8세는 6명의 아내에게서 3명의 왕위 계승자를 얻었다. 카타리나와의 사이에서 낳은 메리 튜더, 앤 불린의 딸 엘리자베스 그리고 제인 시모어의 아들 에드워드다. 1547년 에드워드가 9살 나이로 왕위를 계승했지만 7년 만에 사망한다. 뒤를 이은 게 서열 2위 메리 튜더로 메리 1세다. 가톨릭 광신도였던 그녀는 아버지의 가톨릭 혁파를 원점으로 돌리면서 500명의 신교 지도자를 추방하고 280명을 불에 태웠다. 메리 1세는 1554년 에스파냐의 펠리페 2세와 결혼했는데 일종의 가톨릭 동맹이었다. 족보상으로는 펠리페 2세의 고모였고 나이는 펠리페보다 11살이 많았다. 결혼소식이 전해지자 잉글랜드에서는 반란이 일어났고 3,000명이 런던으로 진격해 들어온다. 메리 1세는 반란을 진압했고 개신교도들의 가톨릭 증오는 더욱 강렬해진다.

메리 1세의 잔혹한 통치에서 힌트를 얻어 만든 술이 보드카, 토마토 주스, 후추, 소금, 레몬주스, 샐러리 등을 넣은 칵테일 블러디 메리 Bloody Mary다. 펠리페 2세는 영국에서 2년을 보낸 후 에스파냐로 돌아왔고 2년 후 메리 1세가 사망한다. 메리 1세를 이은 것이 엘리자베스다. 1558년 즉위한 그녀는 이복 언니인 메리와 달리 개신교 신봉자였다. 1559년 잉글랜드는 로마 교황청과 다시 결별한다. 펠리페 2세는 동맹을 위해 엘리자베스 1세에게 청혼한다. 엘리자베스는 정중하게 거절하면서 "나는 잉글랜드와 결혼했다"는 유명한 말을 남겼다.

에스파냐가 네덜란드와 전쟁을 치르면서 잉글랜드의 무역에 빨간 불이 들어온다. 네덜란드를 고립시키기 위해 에스파냐가 취한 봉쇄 조치가 잉글랜드의 무역 네트워크까지 막아버린 것이다. 잉글랜드와 에스파냐가 본격적으로 척을 지게 된 게 이때부터로 잉글랜드의 대표 선수가 그 유명한 프랜시스 드레이크다. 그는 해적인 동시에 해군의 장성이었으며 잉글랜드 사람으로는 최초로 세계 일주를 완수했다(세계적으로는 두 번째). 펠리페 2세는 사략선장인 드레이크의 처벌을 원했으나 엘리자베스는 오히려 드레이크에게 공식 직함을 얻어준다. 남은 일은 당연히 전쟁. 1570년 가톨릭 귀족들이 잉글랜드 북부에서 반란을 일으킨다. 엘리자베스 여왕이 반란을 가혹하게 진압하자 교황 비오 5세는 그녀를 로마 가톨릭에서 제명했고(애초부터 개신교 신자인데 무슨 의미?) 여왕 타도를 설교한다. 1580년 엘리자베스는 가톨릭 예수회 전도사들을 해산시켰고 잉글랜드에 들어와 가톨릭을 전파하는 선교사들을 죽여도 좋다는 칙령을 발표하는 것으로 대응한다. 교황과 전면전을 벌였다는 점에서 그 아버지에 그 딸이다. 그 무렵 스코틀랜드 여왕 메리 스튜어트 참수 사건이 터진다. 열렬한 가톨릭 교도였던 메리 스튜어트가 남편 살해 의혹으로 잉글랜드에 피신해 온 상황이었는데 엘리자베스가 그녀를 죽여 버린 것이다.

엘리자베스는 처형된 왕비 앤 불린의 딸이고 스코틀랜드의 메리는 헨리 8세의 누나인 마거릿 튜더의 손녀로 둘은 사촌이 된다. 독신을 고수한 엘리자베스에게서 바람둥이 아버지 때문에 생긴 트라우마를 읽는 것은 어렵지 않다. 반면 스코틀랜드의 메리는 엘리자베스의 어머니인 앤 불린과 닮은 구석이 있었다. 가볍고 제멋대로였으며 권력을 사랑했다. 심리학적으로 접근할 필요까지는 없지만 전혀 다른 스타일 때문에 두 여왕의 시대는 치열했다.

즉위 6년 차에 들었을 때 여왕은 스코틀랜드의 사절인 제임스 멜빌 경에게 평생 독신으로 지낼 것을 암시한다. 오랫동안 엘리자베스를 지근 거리至近距離에서 지켜봤던 멜빌은 여왕의 속마음을 읽었다. 이 여자는 결혼보다 권력이 좋은 것이다. 손에 쥐고 있는 권력을 놓기 싫은 것이다. 엘리자베스는 여왕이 아니라 잉글랜드의 왕이자 여왕으로 계속 남고 싶었고 실제로 권력을 완전히 장악했으며 그 맛을 즐기고 있었다.

그녀가 당시 여성 군주의 일상적인 모습을 일탈해 지리, 역사, 천문학을 공부하고 프랑스어와 이탈리아어는 물론 그리스어와 라틴어까지 구사했다는 사실은 상징적이다. 지리와 역사는 결국 전쟁을 위한 사전 지식이다. 천문학은 전쟁 전 점을 치기 위해서는 필수였다. 여러 언어를 섭렵한 것은 학문이 아니라 외교에 필요하기 때문이다. 정치가 육화肉化된 여자, 그게 바로 엘리자베스 여왕이었다. 반면 스코틀랜드의 메리는 권력의 맛은 좋아했지만 그걸 지키기 위해 싸우고 피 말리는 정치를 하는 것에는 익숙하지도 않았고 흥미를 느끼지도 않았다. 게다가 프랑스라면 모를까 스코틀랜드 여왕 자리는 별로 탐나지 않았다. 대도시에서 성장한 여자가 시골 부녀회장 자리에 매력을 느낄 리 없다. 메리에게 스코틀랜드는 촌村이었다. 스코틀랜드의 귀족들도 그녀의 생각을 알고 있었다. 그러나 개신교도에다 정치적으로 탁월했던 엘리자베스는 여왕으로 부담스러웠고 메리는 그보다 다루기가 편했다. 스코틀랜드는 메리의 오만과 가톨릭 신앙을 자신들의 평안을 위해 지불해야 하는 비용 정도로 생각하기로 했다. 메리는 내내 겉돌았다. 자극적이고 직설적인 쾌락을 좋아하는 그녀에게 고리타분한 스코틀랜드 생활은 맞지 않았다. 그녀는 머리가 아프다며 툭하면 침대에 드러누워 시체놀이를 했고 너무 누워 있어 허리가 아프면 그제야 일어나서 사람들에게 신경질을 부렸다. 누워 있어도, 일어나 돌아다녀도 골치 아픈 게 메리였다.

메리의 일거수일투족은 스파이를 통해 엘리자베스에게 남김없이 전달되고 있었다. 보고를 종합한 엘리자베스는 메리가 잉글랜드 왕위에 욕심만 내지 않으면 그럭저럭 공존할 수 있다고 판단했다. 엘리자베스는 메리를 직접 만나기로 결심한다. 그것은 메리도 마찬가지였다. 유대관계를 맺어둬서 나쁠 것 없다는 메리의 단순한 생각에 스코틀랜드의 귀족들은 정치적인 이슈 하나를 더 얹었다. 둘의 만남을 통해 메리가 잉글랜드 왕위를 포기하는 대신 엘리자베스가 메리를 후계자로 삼는 그림은 어떻겠느냐는 제안이었다. 엘리자베스의 대답은 거절이었다. 자신은 스코틀랜드의 여왕에게 다른 메시지를 기다리고 있으며 후계자는 자신이 죽은 다음에 가장 타당한 사람이 되는 것이 맞는다는 얘기였다. 사절로 엘리자베스의 궁을 다녀온 윌리엄 메이틀런드는 한 가지 사실만은 확실히 알 수 있었다. 절대로 메리를 엘리자베스와의 협상장에 단독으로 앉혀두면 안 된다는 것이었다. 정치에 있어 메리가 초등학생이라면 엘리자베스는 최소한 박사 과정이었다. 스코틀랜드 궁정에서는 강공을 펼치기로 방향을 바꾼다. 다시 엘리자베스를 방문한 메이틀런드는 메리를 후계자로 삼지 않으면 무력 충돌이 발생할 수도 있으며 당신은 자신이 잉글랜드의 적법한 군주라고 확신하고 있지만 외국에서는 반드시 그렇게 생각하지 않는다는 사실을 덧붙여 여왕을 자극했다. 엘리자베스는 잠시 흔들렸지만 이내 평정심을 되찾았다. 그녀는 일단 정상회담부터 하고 보자는 쪽으로 답장을 보내왔고 다소 불안하기는 했지만 스코틀랜드의 입장에서도 두 여왕의 만남을 계속 미룰 수는 없었기에 회담은 성사된다. 메리는 단순했다. 사랑하는 언니를 만날 수 있어 기쁘다는 편지를 전했고 뭐가 어찌됐든 사태가 아름답게 끝나기를 바랐다. 정상회담은 1562년 북부 잉글랜드에서 개최하기로 결정된다. 그러나 프랑스에서 터진 내전이(당연히 종교 전쟁이다) 정상회담을 원점으로 돌려놓는다. 개신교도들을 소탕하려는 프랑스의 가톨릭 친척들에게 메리가 적극 협조하겠다고 약속한 것이 문제가 된 것이다. 실망한 메리는 또 다시 침대에 누웠고(자기가 원인을 제공해 놓고도) 며칠 동안 방에서 나오지 않았다. 프랑스 종교 내전은 흔히 위그노 전쟁(1562-1598)이라고 부르는 사태다. 특히 1572년 8월 24일 성 바르톨로뮤 축일 학살은 유명한데 앙리 4세의 결혼식에 참석하기 위해 파리로 모여든 수천 명 개신교들을 가톨릭이 무자비하게 살해했고 이일은 유럽 종교전쟁 시기 중 가장 끔찍한 사건 중 하나로 역사에 남는다.

정상회담이 진행되던 때 엘리자베스에게는 남들이 모르는 개인적인 목적이 하나 더 있었다. 예쁘기로 소문난 메리의 얼굴을 직접 보는 것이었다. 정치적 라이벌에 대한 엘리자베스의 외모적 관심은 강박에 가까웠다. 메이틀런드의 후임으로 엘리자베스를 찾은 스코틀랜드 사절 제임스 멜빌 경은 틈만 나면 쏟아져 나오는 엘리자베스의 '중 2'스러운 질문에 경악을 금치 못했다. 쉽게 말해 내가 예뻐? 메리가 예뻐? 였다. 멜빌은 때마다 전략적으로 답변했다. 잉글랜드에서는 당신이 가장 예쁘고 스코틀랜드에서는 자기네 여왕이 가장 예쁘다는 말로 계속 빠져나갔지만 양다리 좀 걸치지 말라고 엘리자베스가 짜증을 내자 결국 메리가 좀 더 예쁘다 실토를 하고 만다.

멜빌의 답에 엘리자베스는 우울해진다. 한참을 궁리하던 그녀는 질문을 바꾼다. 내가 커? 메리가 커? 이 문제는 객관적인 것이었기에 멜빌은 편하게 대답을 할 수 있었다. 메리가 더 크다는 답변에 엘리자베스는 별거 아닌 질문이었다는 듯 얼른 이렇게 대꾸한다. "그럼 메리가 너무 큰 거네. 나는 크지도 작지도 않거든." 그러나 이 정도 정신승리로 끝낼 엘리자베스가 아니다. 세부 문항으로 들어가 멜빌에게 메리의 신변과 생활에 대해 캐묻기 시작한다. 뛰어난 사냥꾼이고 좋은 책을 많이 읽었으며 수금과 버지널을 연주할 줄 안다는 말에서 엘리자베스는 바로 치고 들어간다. "얼마나 잘 연주하는데?" 멜빌은 다시 외교적인 언사로 빠져나간다. "여왕 치고는 잘하는 편이지요." 그날 밤에 엘리자베스는 자신이 버지널을 연주하는 방으로 멜빌을 불러들인 후 다시 묻는다. 내가 잘 해? 메리가 잘 해? 너무나 유치하고 노골적인 질문에 멜빌은 당신이 더 잘 연주한다고 대답할 수밖에 없었다. 멜빌, 이제 거의 노이로제 수준이 된다. 엘리자베스가 뭘 묻던 무조건 당신이 한 수 위라는 대답으로 일관한다. 덕분에 엘리자베스는 버지널 연주에 이어 추가로 자신이 메리보다 춤을 더 잘 춘다는 사실을 '확보'할 수 있었다.

외모에 관한 한 엘리자베스는 운이 좋았다. 천연두에 걸려 죽을 뻔 했는데 놀랍게도, 기적적으로 천연두의 화농이 그녀의 얼굴에 아무런 흔적도 남기지 않았다.

이 무렵 엘리자베스가 예민해지는 상황이 발생한다. 메리가 갑자기 결혼을 한 것이다. 영국에서 가장 매력적인 독신남성이었던 단리라는 남자였는데 엘리자베스의 6촌이기도 했다. 인물 따지는 메리는 아도니스 뺨치는 단리를 처음 보는 순간 바로 필이 왔고 성급하게 결혼식을 올린 뒤 그에게 왕의 배우자King Consort 신분과 공작 지위를 내린다. 엘리자베스 입장에서는 반가울리 없는 결혼이었다. 단리의 출신 성분까지 더하면 메리의 잉글랜드 왕위 권리 주장의 기반은 더 막강해진다. 그러나 이 일은 엘리자베스에게 결과적으로 유리하게 작용한다. 단리는 남편으로도 왕으로도 구제불능인 남자였다. 그는 매음굴을 들락거리며 다른 여자들과 바람을 피웠고 매일매일 스캔들을 만들었다. 메리도 맞바람을 피우기 시작한다. 이탈리아 출신의 비서 리치오가 그 상대였는데 소문을 듣고 격분한 단리는 메리와 리치오가 식사를 하는 방으로 난입한 뒤 라치오를 옆방으로 끌고 가 무참하게 살해한다. 1566년 3월의 일이었고 메리는 졸도한다. 3개월 뒤 메리는 사내 아들 제임스를 출산한다. 아버지가 단리가 아니라 리치오라는 소문을 돌았고 이를 확신한 단리는 메리를 노골적으로 구박하기 시작한다. 이때 메리에게 접근한 것이 야심만만한 보스웰 백작이다. 보스웰은 연인을 잃고 복수심에 불타는 메리의 하소연을 참을성 있게 들어주었고 둘은 이내 연인관계로 발전한다. 1567년 단리와 그 일행이 묵고 있던 에든버러의 한 저택에서 폭발 사고가 발생한다. 현장에서 단리와 시종이 시체로 발견되었는데 목에 교살의 흔적이 있었고 이미 살해된 상태에서 폭발 장소로 옮겨졌다는 의혹이 불거진다. 단리의 사망 이후 메리와 보스웰은 기다렸다는 듯이 결혼을 하지만 단리 경의 암살 의혹에 메리의 종교 문제까지 더해져 여론은 악화되고 귀족들의 반란이 일어난다. 메리는 진압에 나섰으나 오히려 반군에게 패하고 포로가 된다. 스코틀랜드에서는 거의 모든 귀족들이 그녀의 폐위에 찬성했고 왕위를 아들 제임스 왕세자에게 양위하라고 강요한다. 왕권이 완전히 손상된 채 그녀는 아들인 제임스(당시 13개월)에게 왕위를 넘기고 투옥되는 수모를 겪는다.

엘리자베스는 사태를 관망하고 있었다. 마냥 좋아하지는 않았다. 그녀가 쿠데타로 인한 왕권 이양이라는 나쁜 선례를 남긴 것을 우려할 수밖에 없었고 각료들의 만류로 무산되긴 했지만 스코틀랜드로 쳐들어가 메리를 석방시킬 계획까지 세운다. 그 시각 메리는 알아서 감옥을 나왔다. 1568년 돈과 미모로 간수를 매수했고 자신의 지지자들을 모아 귀족들과 한 판 승부를 벌인다. 결과는 말하지 않아도 될 것 같다. 메리는 국경을 넘어 잉글랜드로 탈출하는 신세가 된다. 엘리자베스는 여러 가지 경우의 수를 생각한다. 돌려보내면 스코틀랜드 인민들이 메리를 죽일 것이다. 그렇다고 유럽으로 보내자니 또 어떤 위험한 군주와 눈이 맞아 잉글랜드 침공 계획을 세울지 모른다. 고민 끝에 엘리자베스는 메리를 가족이 아닌 손님으로 대접하기로 결정한다. 그녀는 메리에게 모욕을 주기 위해(이제는 너랑 나랑 동등한 지위가 아니잖아?) 만남 자체를 거부했고 프랑스 궁정에서 온갖 음모를 보고 자란 메리는 엘리자베스에게 도전하기 시작한다. 1569년 미들랜드에 있는 음습한 궁정에서 약간 유폐 형식으로 머물던 메리는 감시자인 백작을 자신의 편으로 만들었고 외부의 우호적인 세력들에게 끊임없이 메시지를 보낸다. 메리의 원격 사주로 소규모 폭동이 연달아 일어난다. 물론 초기에 진압했지만 엘리자베스에게는 짜증나는 일이 아닐 수 없었다. 엘리자베스는 잉글랜드 내에서만 반역 활동을 한 게 아니다. 그녀는 에스파냐 대사에게 몰래 편지를 전달해 에스파냐 왕이 협조만 해준다면 자신은 석 달 안에 잉글랜드 여왕이 될 것이며 전국의 도시에서 가톨릭 미사가 집전될 것이라며 에스파냐 왕의 독실한 신앙심에 호소했다. 유럽의 가톨릭 친척들이 움직이기 시작했고 1570년 교황 피우스 5세는 엘리자베스를 파문하는 회칙을 반포한다. 그러자 개신교 신자들이 엘리자베스를 더욱 강력하게 옹호하기 시작했고 파문 조치는 역효과만 낸 채 성과 없이 끝난다.

메리는 다시 격리되는 처지가 되었지만 장기적인 비전이나 철학 없는

180cm의 키에 깎아놓은 조각상 같았던 스코틀랜드 여왕 메리. 그러나 모든 남성들을 매혹하는 그녀의 미모는 그녀를 파멸로 이끄는 결정적인 요인이 된다.

무모함을 다스리지 못해 또 사고를 친다. 그녀는 피렌체 출신 금융가에게 도움을 요청했고 이 금융가는 엘리자베스의 암살을 기획한다. 물론 치밀하지 못한 메리의 행동은 엘리자베스의 귀에 들어갔고 여왕으로 하여금 결국 처형이라는 극단적인 카드를 만지작거리게 만든다. 그러나 사형 집행에는 상당한 정치적 부담이 따른다. 메리의 죽음에 직접 개입할 경우 유럽 가톨릭 세력이 하나로 뭉쳐 자신에게 칼을 겨눌 수도 있다. 그렇다고 마냥 두고 볼 수만도 없는 것이 국제 관계의 오묘한 역학을 알리 없는 잉글랜드 국민들은 끊임없이 음모를 꾸미는 사촌에 대해 여왕이 지나치게 관대하고 우유부단하다는 비난을 쏟아내고 있었다. 결국 메리는 1586년 반역혐의로 재판정에 서게 된다. 너무나 많은 증거와 증인들의 진술로 메리는 유죄판결을 받았고 상하양원은 엘리자베스에게 메리의 처형을 요구한다. 엘리자베스는 메리를 암살해 자연사로 위장하는 방법까지 검토했지만 여의치 않았고 결국 1587년 2월 1일 메리의 사형 집행 명령서에 서명을 한다. 일주일 후 메리는 참수된다. 그 기간 동안 엘리자베스는 내내 회한과 슬픔을 얼굴에 달고 살았다. 위선이었다. 적들에게 자신이 전혀 그럴 의지를 가지고 있지 않았으며 어쩔 수 없는 선택이었다는 메시지를 보내야했다. 엘리자베스는 정치적이고 종교적인 문제로 둘의 싸움을 포장했지만 평범한 외모의 여왕은 자기와는 급이 다른, 매력을 넘어 마력적인 메리가 얼마나 위험한 존재인지 알고 있었다. 남성들의 무뚝뚝한 권력 투쟁과는 완전히 다른, 미묘하고 예민한 여자들 사이 권력 다툼은 이렇게 엘리자베스의 승리로 끝난다. 그리고 그녀는 역동적인 통치로 영국을 부강하게 만들었고 역사상 가장 위대한 군주의 반열에 오른다.

1580년 포르투갈 왕권까지 차지하면서 막강한 해군력을 확보한 펠리페 2세는 개신교도들에 대한 신의 심판이 필요하다고 생각했고 기회를 엿본다. 1587년 잉글랜드가 네덜란드 독립운동을 지원하자 펠리페 2세는 이때다 하며 잉글랜드 침공을 선언한다. 엘리자베스는 더 빨리 움직였다. 드레이크를 선발로 내세워 함대를 출항시켰고 드레이크는 카디즈 항에 정박해 있던 에스파냐 함대를 공격해 24척을 불태운다. 작전명은 '펠리페 2세의 수염을 불태워라.' 격분한 펠리페 2세는 전면적인 공격을 위해 리스본에 함대를 집결한다. 총지휘관은 메디나 시도니아로 그는 해전 경험이 전혀 없는 인물이었다. 주변에서는 불안해하고 본인도 원치 않았지만 펠리페 2세는 진정한 사령관은 하나님이기 때문에 걱정할 것 없다며 임명을 강행했다. 1588년 5월 에스파냐 함대가 리스본 항을 출발한다. 이때 붙은 이름이 무적함대다. 적과 싸워보기도 전에 함대는 역풍을 만났고 에스파냐 북부 라 코루냐 항으로 다시 돌아와야 했다. 좋은 징후가 아니었다. 신이 원한다면 왜 우리를 응원하지 않는가, 병사들의 마음속에 불안감이 싹튼다. 함대는 전열을 정비하고 7월에 다시 깃발을 올린다. 8월 7일 프랑스 북부 해안 칼레에서 마침내 무적함대와 드레이크 함대 사이의 한판 승부가 벌어진다. 나흘 동안 네 차례에 걸쳐 진행된 전투의 1라운드에서 양측은 격렬하게 포격전을 벌였지만 서로 결정적인 피해를 주는 데는 실패한다. 잉글랜드 해군은 작은 배에 화약을 실어 에스파냐 함대에 불을 지르는 화공 전략을 펼쳤고 무적함대의 진형이 무너진다. 잉글랜드 함대는 대담하게 근접해 대포로 함대를 무차별 포격했다. 포격전보다는 선상에서의 백병전이라는 전통적인 방식을 고수하던 에스파냐 병사들은 혼란에 빠졌고 에스파냐 함대는 하나 둘 침몰하기 시작한다. 불운은 계속됐다. 가까스로 칼레를 빠져나온 에스파냐 함대를 기다리고 있던 것은 강력한 폭풍이었다. 무적함대는 배들이 서로 충돌하는 비극 끝에 시커먼 입을 벌리고 있던 차가운 바다 속으로 빨려 들어갔다.

무적함대의 괴멸로 잉글랜드가 바로 대서양의 제해권을 확보한 것은 아니다. 칼레 해전 이후로도 전투는 계속되었고 무엇보다 에스파냐에게는 지중해함대가 고스란히 남아있었다. 그러나 잉글랜드 해군은 확연히 달라진 게 있었는데 자신감이었다. 강대국 에스파냐에 맞서 약소국인 잉글랜드가 얼마든지 싸울 수 있다는, 체급 한계를 극복한 자신감은 무기보다 더 크게 병사들을 고무시켰다. 무적함대를 격파한 다음날인 8월 9일 엘리자베스 여왕은 틸버리 항구에 주둔한 잉글랜드 장병들을 친히 찾아가 그들을 격려했다. 다음 해인 1589년 잉글랜드는 대규모 원정군을 라 코루냐 항에 파견해 스페인 함대를 공격한다. 그러나 에스파냐의 성공적인 방어로 오히려 1만 2천에 달하는 병력만 잃고 후퇴했는데 국력을 대비했을 때 이는 에스파냐가 칼레해전에서 입은 것보다 훨씬 큰 피해였다. 이 원정의 실패로 잉글랜드는 에스파냐와 전면적인 해상 교전을 벌일 능력을 상실한다. 에스파냐 함대는 1596년과 1597년 두 차례 잉글랜드를 공격했지만 잉글랜드와 싸우는 대신 폭풍과 싸워야했고 성과는 없었다. 1598년 펠리페 2세가 사망한데 이어 1603년에는 엘리자베스가 그 뒤를 따른다. 전쟁으로 인한 재정 문제로 시달리던 두 나라는 1604년 런던 조약을 맺고 휴전에 들어간다. 에스파냐는 잉글랜드 해협과 항구들의 개방과 네덜란드 독립 전쟁에 대한 지원 전면 중단이라는 소득을, 잉글랜드는 종교의 자유를 확보했다. 잉글랜드-에스파냐 전쟁의 끝이었고 이후 양국은 1625년까지 평화를 유지한다. 잉글랜드는 그 때까지 최종 승자가 아니었고 오히려 한동안 해양 강국으로 위세를 떨친 것은 에스파냐로부터 독립한 네덜란드였다. 잉글랜드가 바다의 패권을 공고히 한 것은 잉글랜드-네덜란드 전쟁에서 최종적으로 승리한 18세기부터다.

에스파냐는 아메리카에서 유입되는 은을 제국의 재원으로 삼아 버티고 있었지만 무역에서는 심각한 문제가 발생하고 있었다. 수십 년간 에스파냐에서 생산해 아메리카로 수출하던 품목들을 아메리카에서도 생산하기 시작한 것이다. 에스파냐에서 생산하는 상품은 아메리카가 원하지 않았고 아메리카에서 원하는 상품은 에스파냐에서는 생산되지 않는 상황이 발생했고 잉글랜드와 네덜란드는 이 틈을 파고들어 에스파냐를 더욱 괴롭게 했다. 아메리카의 은은 재원인 동시에 저주였다. 에스파냐는 급격한 인플레이션을 연달아 겪었고 화폐 가치는 계속 하락했다. 그 와중에도 귀족들의 사치스러운 생활은 끝을 몰랐고 덕분에 문화와 예술의 수준이 올라갔다. 그러나 국내 공업 발전을 외면하고 외국 물품을 수입한 것은 바람직한 선택이 아니었다. 에스파냐에서 흘러나온 금과 은은 유럽 대륙으로 흘러들어갔고 유럽 각국은 이를 바탕으로 공업 발전에 매진했으며 이렇게 생산한 상품들은 다시 에스파냐의 얼마 남지 않은 금과 은을 빼왔다. 에스파냐의 공업 포기는 결국 제국 몰락의 단초가 되었고 포르투갈이 그랬던 것처럼 에스파냐의 봄날은 이때 이후 다시 오지 않았다.

15.
짧은 영화榮華, 네덜란드의 작은 나라가 잘 사는 법

　기록에 남은, 조선을 방문한 최초의 서구인은 에스파냐 사람 세스페데스 신부다. 예수회 소속의 세스페데스는 1593년 12월 27일 일본군과 함께 조선 땅에 상륙했다. 독실한 가톨릭 신자였던 고니시 유키나가는 전쟁 중에도 미사를 거를 수 없었고 신부를 대동해야 했던 것이다. 그는 1년 간 조선에 머물며 임진왜란을 목격했으며 몇 개의 서간문을 통해 조선을 소개하기도 했다. 임진왜란이 끝난 무렵 또 한 명의 서구인이 등장한다. 포르투갈에서 온 명나라 소속 흑인 병사들이었는데(아쉽게도 이름은 전하지 않는다) 선조실록100권, 선조 31년 5월 26일자에 '팽 유격 처소에 행행하여 파랑국波浪國인을 대면하다'라고 되어 있다. 파랑국은 포르투갈의 음역이다. 팽 유격 처소는 명나라 장군 팽신고의 진중을 말하며 이때 팽신고는 얼굴 모습이 아주 다른 병사를 선조에게 소개하며 이렇게 말했다. "호광(중국의 호북, 호남, 광서, 광동 지역)의 극남極南에 있는 파랑국 사람입니다. 바다 셋을 건너야 호광에 이르는데 조선과의 거리는 15만여 리나 됩니다. 조총을 잘 쏘고 여러 가지 무예를 지녔습니다." 소개를 받은 선조는 "이제 흉적을 섬멸하는 것을 날을 꼽아 기대할 수 있겠소이다"라며 반가워했다. 이틀 후 선조는 흑인 용병 3명의 칼솜씨를 직접 시험해 보고 상으로 은자 한 냥을 내렸다. 이 소식은 왜군들에게도 그대로 전해졌다. 조선인들은 무시무시한 외모에 그들을 해귀^{海鬼}라고 불렀다. 1598년의 일이다.

신부나 용병이 아닌 민간인의 조선 방문은 1627년의 벨테브레와 1653년의 하멜이다. 둘 다 네덜란드인이고 모두 일본으로 향하다 제주도에 표류했다. 다른 점은 벨테브레가 인조에게 벼슬을 받고 박연으로 개명을 하고 훈련도감에서 일하다 조선인으로 죽었다면 하멜은 13년간의 조선 생활을 마시고 결사적으로 고국으로 돌아갔다는 것이다. 우리에게는 여행기로 알려졌지만 하멜이 쓴 표류기는 실은 기행문이 아니라 네덜란드 본사에 자신이 업무 중에 표류했고 그에 따라 밀린 임금을 요구하기 위해 쓴 보고서다. 두 사람 모두 네덜란드인이었다는 것은 단순한 우연이 아니라 그 무렵 바다를 장악하고 가장 왕성하게 활동한 것이 네덜란드였다는 사실의 반증이다. 네덜란드는 1609년 서양으로서는 최초로 일본과 친교를 맺었다. 그 무렵 네덜란드는 영토가 조선보다 작은 나라였지만 세계 경제를 쥐락펴락한 강국이었다.

편의상 네덜란드라고 부르지만 하나의 통일된 국가는 아니었다. 합스부르크 가문의 군주가 현재 네덜란드 지역에 있던 여러 주들의 군주 자리를 겸임하고 있던 동군연합이었다. 동군연합^{同君聯合}이란 한 명의 군주가 다른 나라의 왕위까지 차지하여 두 국가가 한 연합이 된 상태를 말한다. 이 작은 주들이 에스파냐에게서 독립하기 위해 벌인 것이 네덜란드 독립 전쟁으로 1568년부터 1648년까지 두 차례에 걸쳐 일어났다. 흔히 네덜란드 근대사를 상징하는 인물로 둘을 꼽는데 에라스무스와 오라네 공 빌렘이다. 르네상스 시기 지식인이었던 에라스무스는 '우신 예찬'으로 유명한 인물로 가톨릭의 타락을 비판하며 종교 개혁의 선구자가 되었는데 루터의 과격성을 비판했고 국가주의가 아닌 세계주의를 천명했다. 이는 네덜란드의 특성이 되었고 네덜란드 사람들의 정체성을 형성했다. 말하자면 네덜란드 근대화의 정신적인 초석을 놓은 인물이다. 오라네 공 빌렘은 지금은 독일 영토인 나사우 백작령의 딜렌부르크 성에서 빌헬름 1세의 맏아들로 태어났다. 사촌인 오랑주 공 르네가 프랑스와의 전쟁 도중 전사하면서 르네의 영지인 오랑주와 브레다를 물려받았다(오랑주와 오라녜가 혼용으로 쓰이는데 오랑주는 프랑스어이고 네덜란드어로는 오라녜Oranje다. 영어 발음은 오렌지인데 현재 네덜란드 축구팀의 오렌지 색 복장은 바로 여기서 유래했다. 그러나 발음만 따 온 것이고, 과일 오렌지와는 아무 상관이 없다). 이후 본가의 이름인 나사우와 상속받은 영지인 오랑주의 이름을 합쳐 오라녜나사우 가문을 열고 거점을 네덜란드의 브레다로 옮긴 그는 브뤼셀에서 카를 5세의 여동생이자 네덜란드 총독이던 마리아의 후견을 받아 성장했고 카를 5세의 총애를 받아 1555년에는 대 프랑스 전쟁의 총사령관이 된다. 그때만 해도 자신이 네덜란드 독립 전쟁의 지도자가 되어 옛 주군의 나라를 향해 칼을 뽑게 될 줄은 몰랐을 것이다.

당시 네덜란드는 길드를 중심으로 한 부유한 자유무역도시연합이었고 사람들은 근면과 금욕을 강조한 칼뱅의 프로테스탄티즘을 신봉했다. 로마 교황보다도 더 가톨릭을 신봉한다는 말이 나올 정도로 독실한 신자였던 카를 5세에게는 결코 용납할 수 없는 일이었다. 카를 5세는 개신교를 탄압했고 막대한 전쟁비용 조달을 네덜란드에 돌리면서 이중으로 이들을 핍박한다. 뒤를 이은 펠리페 2세 때에도 사정은 나아지지 않았다. 아니 카를 시대보다 더 악화되었는데 심정적인 반발이 물리적인 반항으로 이어지기 직전의 상황이었다. 네덜란드의 지도층 인사들은 강압적인 통치 완화를 지속적으로 건의했지만 펠리페 2세는 들은 척도 하지 않았다.

네덜란드인들의 불만은 계속 높아졌고 반란의 징후가 여기저기서 포착된다. 1566년 개신교도들이 선제적으로 들고 일어난다. 이들은 성당 성상들을 우상숭배로 간주하여 성당과 성상 등을 파괴하는 성상파괴운동을 벌였는데 이 사건으로 저지대의 성당들이 거의 다 돌더미가 된다. 성상 파괴 운동을 반역으로 간주한 펠리페 2세는 즉시 알바 공 페르난도 알바레스 데 톨레도에게 대군의 지휘를 맡겨 운동을 무자비하게 진압했다. 알바 공은 네덜란드의 법과 의회를 완전히 무시했고 특별 종교재판을 열어 수천 명을 처형한다. 지도자 층 인사였던 에흐몬트, 호르너 같은 귀족들까지 모두 목이 달아났다. 이들은 펠리페 2세에 대한 충성을 버리지 않으면서도 어떻게 해서든 에스파냐의 강압 통치를 완화하려고 노력했던 인물들이다. 그러나 알바 공은 이들이 개신교도들에게 관용을 베풀었다는 단지 그 이유만으로 손톱만큼의 관용도 베풀지 않았다. 지도층 인사 중 하나였던 빌렘은 독일로 피신했다가 1568년 군대를 이끌고 네덜란드로 귀환한다. 본격적인 네덜란드 독립전쟁의 시작이었다. 네덜란드군은 1568년 5월 헤일리헤를레 전투에서 처음으로 에스파냐군을 무찔렀고 빌렘은 네덜란드의 영웅으로 떠오른다. 당시 전쟁은 지도자가 비용을 대는 방식이었고 빌렘의 재산이 바닥나면서 알바 공 군대에게 연패한 뒤 빌렘의 군대는 해산한다.

전쟁으로 국고가 바닥난 에스파냐 궁정은 재정 문제를 해결하기 위해 네덜란드에 더욱 가혹한 세금을 부과한다. 네덜란드인들의 불만이 고조되고 가혹한 세금을 피해 외국으로 도망가는 이들까지 생긴다. 빌렘은 1572년 다시 군사를 일으켰고 에스파냐군의 보급을 책임지던 몽스 요새마저 빌렘의 동생 로데베이크에 의해 함락된다. 알바 공은 신속하게 몽스 탈환전을 전개한다. 빌렘과 공조를 약속한 프랑스 위그노군(개신교도)이 몽스를 구하려 했으나 실패했고 빌렘 역시 알바 공에게 패배하여 철수한다. 로데베이크는 결국 항복했고 요새는 알바 공에게 돌아간다. 당시는 국가보다 종교적 연대감이 더 강했던 시절이라 프랑스 위그노들이 참전했던 것이고 이게 네덜란드 프로테스탄트에게는 큰 힘이 되었지만 1572년 8월 27일 성 바르톨로메오 축일에 가톨릭이 위그노 교도들을 몰살하면서 외부의 지원 세력은 역시 반가톨릭인 잉글랜드만이 남게 된다. 반란에 가담했던 네덜란드 남부 도시들을 징벌한 알바 공은 1572년 11월 홀란트로 진격하여 베르헨, 쥐트펀, 나르덴을 공략했고 7개월 여 공성전 끝에 하를렘을 함락한 후 도시를 피바다로 만든다. 하를렘 다음은 알크마르였지만 하를렘의 비극을 전해들은 알크마르 시민들은 죽기 살기로 항전했고 도시는 가까스로 목숨을 건진다. 네덜란드의 상황이 악화되자 펠리페 2세는 알바 공을 해임하고 레퀴상스를 총독으로 임명한다. 또 다시 지루한 공방전. 이즈음 빌렘은 개신교(칼뱅주의)로 아예 개종을 한다.

1579년 친親 에스파냐 성향의 남부 가톨릭 주들이 아라스 동맹을 결성하여 스페인에 충성을 결의하자 북부의 홀란트, 제일란트, 위트레흐트, 흐로닝언 4개 주는 위트레흐트 동맹을 결성하여 이에 맞선다. 이어 브라반트, 플란데런 등 6개 주가 추가로 참여하여 위트레흐트 동맹은 10개 주로 불어난다(남부 지역은 1830년 8월 네덜란드로부터 독립해 벨기에라는 새 나라를 만든다). 1581년 위트레흐트 동맹은 네덜란드 공화국을 선포한다. 홀란트 백국, 제일란트 백국, 오버레이설, 프리슬란트, 흐로닝언과 오멜란던, 헬러 공국, 위트레흐트 등 7개 주를 대표하는 자리에는 빌렘이 선출된다. 빌렘은 군주가 아닌 스타트하우더르Stadthouder(통령, 총독)로서 7개 주의 명목상 국가원수 직책을 겸임하는 형태였다. 동맹의 전체 숫자보다 공화국 참여 주의 숫자가 적은 것은 가난한 주들은 연방세를 내지 못했고 제대로 된 주의 지위를 얻지 못했기 때문이다.

빌렘은 1584년 7월 에스파냐의 자객에게 암살당하고 그의 지위는 셋째 아들인 마우리츠에게 이어진다. 마우리츠가 지도자가 될 당시의 네덜란드 공화국은 에스파냐의 공세로 홀란트, 제일란트, 위트레흐트, 프리슬란트의 4개 주만 남아있는 상태였다. 그는 에스파냐가 잉글랜드, 프랑스와 전쟁을 하느라 네덜란드에 집중하지 못하는 틈을 타 차근차근 영토를 되찾기 시작한다. 헬러, 흐로닝언, 오버레이설의 3개 주와 브라반트의 절반을 회복했으며 1607년 지브롤터 해전에서는 에스파냐 함대를 격파하고 제해권까지 장악한다. 계속되는 전쟁에 지친 에스파냐와 네덜란드 공화국은 1609년 안트베르펜(현재 앤트워프)에서 12년 한정의 휴전 조약을 체결한다. 이 기간 동안 네덜란드는 전 세계에 식민지를 건설하면서 경제적, 문화적 전성기를 구축한다. 12년의 휴전이 끝나기도

전인 1619년 에스파냐와의 전쟁이 재개되었지만 네덜란드는 뜨는 해, 에스파냐는 지는 해였다. 물론 아직까지 에스파냐의 저력이 완전히 소진된 것은 아니었다. 에스파냐의 공식적인 몰락은 1659년 피레네 조약으로 공인된다. 피레네 조약은 1636년부터 프랑스와 에스파냐 사이에 벌어진 전쟁을 종결한 조약으로 프랑스는 루시옹, 아르투아 등의 영토를 에스파냐로부터 받아냈으며 에스파냐 왕녀 마리아 테레사는 지참금 50만 에퀴를 가지고 루이 14세에게 출가했다. 에스파냐의 프랑스에 대한 종속관계를 드러내는 상징적인 혼인이었다.

네덜란드의 독립은 단순히 외세의 억압에 저항해서 나라를 세운 정도의 의미가 아니다. 네덜란드의 독립은 1,000년 이상 지속된 네덜란드 사회의 봉건주의와 완전히 결별하는 순간이었고 정치, 경제, 사회, 문화 등 모든 분야가 새로 태어나는 과정이었다. 그것은 바로 근대였고 네덜란드는 세계 최초로 중세에서 탈출한 나라가 되었다. 자유와 관용의 나라 네덜란드에서는 종교적 편견과 박해가 사라졌고 양심과 사상, 언론과 출판의 자유가 보장되었다. 불온하다는 이유로 자국에서 탄압을 받은 이들이 피난처로 삼은 것도 네덜란드였다. 잉글랜드의 로크는 제임스 2세의 폭정을 피해 명예혁명 때까지 네덜란드에 머물렀다. 네덜란드에서는 특히 여성의 지위가 상승했고 그 어떤 여성도 남성에게 종속되지 않았다. 1631년 잠시 암스테르담에 머물렀던 데카르트는 "세계 어디에서 이토록 완전한 자유를 누릴 수 있겠는가"라는 말로 체류 기간의 감동을 요약했다. 이런 네덜란드의 17세기를 '황금시대'라고 부른다. 농업, 어업, 공업에서 세계 최고의 생산을 자랑했고 수많은 최신기술을 보

아래 파란색이 아라스 동맹이
다. 이들은 네덜란드가 에스파
냐의 손아귀에서 완전히 벗어
나자 식민지 취급을 받는다.

유했다. 1670년 네덜란드 선박의 총 숫자는 잉글랜드의 세 배였고 선박
톤수는 잉글랜드, 프랑스, 에스파냐, 독일을 합친 것보다 많았다. 마치
15세기 베네치아의 전성기를 보는 듯 했다. 네덜란드는 1602년 설립한
동인도회사를 통해 인도네시아 식민지를 개척했고 1,200만 명의 인구
를 지배했다.

　아담 스미스가 1776년 발표한 '국부론'의 핵심 중 하나인 분업을 현
실에서 먼저 실현한 것도 네덜란드였다. 종목은 청어 포획. 17세기 초중
반 네덜란드의 청어 잡이 어선은 1,500척에 달했고 생산되는 청어는 매
년 30만 톤이었다. 이게 전부 분업의 결과로 당시 내장 제거 전문가는 시
간 당 2,000마리의 청어를 손질할 수 있었다. 여기에 엄격한 관리 감독,

우수한 품질, 탁월한 신선도로 각국 청어 중 가장 비싼 가격을 받을 수 있었고 이는 네덜란드 경제 발전의 기반이 된다. 농업에서의 비약적인 발전도 빼놓을 수 없겠다. 그 나라에서 생산되는 밀로는 인구의 1%도 먹여 살리기 힘들다는 소리를 들었던 네덜란드는 수리 시설을 정비하고 둑과 제방을 쌓아 대해를 육지로 만들었으며 풍차를 이용해 저지대의 물을 빼내는 등 자신들만의 농업 발전 모델을 구현했다. 발트 해 무역의 전성기를 구가한 네덜란드의 별명은 '바다의 마부'였다.

물론 흑역사도 있다. 1609년 휴전 협정이 이루어지자 만들어진 암스테르담 비셀 은행은 담보물과 어음을 관리하는 유럽 최대의 은행으로 발전한다. 네덜란드가 금융의 중심지가 되었다는 얘기다. 이때부터 네덜란드에 자본이 넘쳐나기 시작했다. 새로운 투자 상품을 찾던 이들의 눈에 들어 온 게 오스만 튀르크 제국에서 들여온 튤립이었다. 희귀성은 부의 척도가 되었고 1636년부터 튤립의 가격이 급등한다. 튤립 알뿌리 하나가 2500길더까지 올랐는데 당시 소 200마리 정도의 가격이었다. 1633년부터 1637년까지 네덜란드에서 튤립 거래액은 약 4000만 길더로 추산된다. 이는 암스테르담 은행의 예치금보다 10배 이상 많은 액수였고 동인도회사가 만들어질 때 투자된 650만 길더의 세 배였다. 1636년 절정에 달했던 튤립 가격은 1637년 2월부터 갑자기 폭락하기 시작한다. 불과 4개월 만에 최고점에서 90% 이상이 빠졌는데 네덜란드 정부는 1636년 11월 이전의 계약을 모두 무효로 하는 대책 아닌 대책을 내놓았기도 했다. 네덜란드의 튤립 광풍은 일확천금의 허망한 욕망을 좇은 역대 투기 사례의 가장 대표적인 경우로 경영학, 경제학 등에서 자주 인용된다. 흑역사 하나 더. 자유와 관용의 나라였지만 빈민에게는 적용되지 않았다. 네덜란드 사람들이라고 모두 다 부유하지는 못했을 것이고 어디나 낙오자는 있다. 아무리 임금상승이 생활비 상승을 앞지른 유럽의 유일한 국가라고는 하지만 가난과 시장의 변동과 항해와 전쟁으로 불구가 된 사람들은 참혹한 삶을 살았다. 칼뱅의 노동윤리에 따라 구걸은 죄악으로 간주되었고 이들은 시민들에게 조롱거리가 되는 것은 물론(칼뱅은 예정설을 주장했다. 즉, 가난한 사람들이 가난하게 사는 것은 신이 이미 정한 것이라는 얘기로 그것은 신의 사랑에서 벗어난 사람이란 말과 같다) 태형과 수족절단 그리고 익사처형에 처해지기도 했다.

네덜란드가 몰락의 길로 들어선 것은 잉글랜드와의 네 차례에 걸친 전쟁이었다(3차와 4차는 100년이나 차이가 나기 때문에 4차는 별도로 치는 경우도 많다)고 알려져 있지만 사실과는 좀 다르다. 베네치아의 경우처럼 갑자기 신생국가가 강대국으로 올라가는 것을 전통의 강국들은 별로 좋아하지 않는다. 이번에는 잉글랜드와 프랑스가 그 역할이었다. 사실 잉글랜드는 이 영란 전쟁(보통 한자로 英蘭戰爭이라고 쓰는데 잉글랜드와 네덜란드의 한자 음차인 영국과 화란和蘭에서 한 글자씩 따온 것이다)에서 내내 승리하지도 못했고 4라운드 말고는 압도적으로 우세한 적도 없었다. 네덜란드의 몰락은 그보다는 루이 14세의 프랑스라는 초강대국에게 수차례에 걸쳐 강펀치를 얻어맞으면서 국력에 맞지도 않는 지상전으로 재정을 허비한 게 더 큰 원인이었다(네덜란드는 인구 100만 명, 프랑스는 1,500만 명 이상). 그게 대략 18세기 중후반으로 1781년부터 1784년까지 벌어진 4라운드는 프랑스 대신 잉글랜드가 확인사살을 한 정도의 의미다. 어쨌든 이때부터 세계 해양 주도권은 영국의 손아귀에 들어간다.

지중해 시대를 지나 대서양, 태평양 시대를 연 대항해 시대는 영국이라는 최종 승자를 바다의 패권자로 낙점하면서 마무리된다. 유럽의 대항해시대는 유럽뿐만 아니라 세계사에 있어서 매우 중요하다. 구대륙과 신대륙이 최초로 본격적인 교역을 하면서 세계가 하나로 연결됐고 그 결과 구대륙과 신대륙의 정치, 경제, 사회, 문화 전반에 걸쳐 역사적인 대변혁이 일어났다. 그리고 대항해시대가 끝나면서 유럽은 제국주의의 시대로 접어든다. 중세를 청산하고 근대로 나아가는 길목은 30년 전쟁과 베스트팔렌 조약이었다. 이 이야기는 다음 책에서 이어진다.

살아남은 세계사 6 - 바다의 역사

초판 1쇄 발행 2025년 3월 24일

지은이   남정욱
펴낸이   안병훈
펴낸곳   도서출판 기파랑
등 록   2004. 12. 27 제300-2004-204호
주 소   서울시 종로구 대학로8가길 56 동숭빌딩 301호
전 화   02-763-8996(편집부) 02-3288-0077(영업마케팅부)
팩 스   02-763-8936
이메일   info@guiparang.com
홈페이지 www.guiparang.com

ISBN 978-89-6523-484-5   03900